splendid-akademie

Für Menschen, die vor Menschen stehen.

Frisch, frech, fruchtig?– die Autorinnen

Langjährige Erfahrungen in Aus- und Weiterbildung, Training, Team- und Projektarbeit sind für uns, Dr. Bettina Ritter-Mamczek und Andrea Lederer M.A., die Geschäftsführerinnen der splendid-akademie in Berlin, die Basis für visionäres und vergnügtes Arbeiten.

Unsere vielfältigen Erfahrungen mit Gruppen, Teams und Einzelpersonen fließen als Erfahrungsschatz in das Konzept der splendid-akademie. Dadurch ist das der splendid-akademie zugrunde liegende Methoden- und Medienrepertoire über Jahre hinweg praxiserprobt, reflektiert und kontinuierlich weiterentwickelt. Die Grundlage für unsere Tätigkeiten als Trainerin, Moderatorin, Projektleiterin und Coach/Beraterin bilden bei Bettina Ritter-Mamczek das Studium der Kommunikationswissenschaft mit dem Schwerpunkt Organisation und Didaktik der Weiterbildung, Politik und Philosophie, bei Andrea Lederer das Studium der Kommunikationswissenschaft mit dem Schwerpunkt Organisation und Didaktik der Weiterbildung und Informatik.

www.splendid-akademie.de

Bettina Ritter-Mamczek | Andrea Lederer

22 splendid Methoden

Mehr Vergnügen für Ihre Veranstaltung

Bibliografische Informationen der Deutschen Bibliothek.
Die Deutsche Bibliothek verzeichnet diese Publikation in der Deutschen Nationalbibliografie.
Detaillierte bibliografische Daten sind im Internet über
www.d-nb.de abrufbar.

ISBN: 978-3-00-039100-2

1. Auflage Berlin 2012

www.splendid-akademie.de

€ 25

„Bleib hungrig, bleib verrückt."

St. Jobs

„Hauptsache
die Hauptsache
bleibt
die Hauptsache."

[S.R.Covey]

Alles im Blick?

„Stets findet
Überraschung statt,
da, wo man's
nicht erwartet hat."

[W. Busch]

1. Der Apfel – ein Vorwort

*„Stets findet Überraschung statt,
da, wo man's nicht erwartet hat."
(Wilhelm Busch)*

Der, die, das .... Der Apfel, die Apfelsine, das Obst ....
In diesem Sinne, wir laden Sie ein, sich überraschen zu lassen.
Probieren Sie unsere splendid Früchtchen und lernen Sie unsere langjährig praxiserprobten Methoden und Techniken kennen.

Nachdem wir in unseren ersten beiden splendid Büchern, mit den Titeln „splendid Bildvergnügen – Visualisieren für Menschen, die vor Menschen stehen" und „splendid.Räder - Vergnügt Struktur geben!", unsere Ideen und Techniken zu den Themen „Visualisieren" und „Strukturieren" veröffentlicht haben, finden Sie hier unsere fruchtigen Methoden.

Lassen Sie sich überraschen, probieren Sie, experimentieren Sie, variieren Sie!

Das Ziel des Buches ist besonders einprägsam: der Apfel!

A **Aktivität**

P **Partnerschaftliches Lernen**

F **Freude**

E **Energie**

L **Leistungsbereitschaft**

Im Einzelnen heißt das:

Unsere Grundhaltung beim Lehren und Lernen ist durch folgende 5 Punkte geprägt:

A eine hohe Aktivität aller Beteiligten, d.h. sowohl von Ihnen als Trainer, als auch von all Ihren Teilnehmern.

P Partnerschaftliches Lernen, d.h. Lernen und Trainieren auf Augenhöhe.

F Lehr- und Lernfreude, d.h. eine vergnügte Grundeinstellung bezogen auf Informationsaufnahme und –verarbeitung.

E positive Energie, d.h. das Schaffen einer grundsätzlich angenehmen, positiv besetzten Grundatmosphäre.

L Leistungsbereitschaft, bezogen auf den Willen und den eigenen Antrieb, sich auf den Lern- und Trainingsprozess einzulassen, und (ggf. auch unangenehme) Phasen zu durchleben.

Wir möchten durch das vorliegende Buch Ihre Trainings, Workshops und Veranstaltungen fruchtiger werden lassen.

Finden Sie Ihre Früchte, Ihre Methoden und Übungen, die Ihnen und Ihren Teilnehmern zu mehr Lern- und Trainingsvergnügen verhelfen.

Und noch ein Hinweis in eigener Sache: Entschuldigen Sie bitte die maskuline Schreibweise, liebe Leserin! Selbstverständlich sind Sie, liebe Damen und Frauen, immer mitgemeint und mit angesprochen! Der Einfachheit halber ist diese Schreibweise gewählt, führt sie doch zu einem „leichteren" Lesefluss!

„Wann hast Du
zum letzten Mal
etwas zum
ersten Mal
gemacht?"

[aus der Werbung]

„Legt man eine Zitrone neben eine Orange, so hören sie auf, Zitrone und Orange zu sein, sie werden Früchte."

[G. Braque]

2. Die Apfelsine – eine Struktur für Ihre Veranstaltung

„Legt man eine Zitrone neben eine Orange,
so hören sie auf, Zitrone und Orange zu sein.
Sie werden Früchte."
(Georges Braque)

Die Apfelsine ist die zentrale Struktur für Ihre Veranstaltung, d.h. für Ihr Seminar, Ihren Workshop, Ihre Projektbesprechung.
Es ist ein Phasenmodell, das Ihnen den Weg weist zu einer ganzheitlichen Gestaltung Ihrer Veranstaltung, denn da ist mehr als ein Anfang und ein Ende:

A Alles auf grün: Die Einladung

P Persönliches: Das Kennen lernen und Warming Up

F Feuer entfachen: Die Motivation

E Erkenntnisse fördern: Die Stoffvermittlung

L Luft holen: Die Pause

S Stoff anwenden: Die Stoffverarbeitung

I In der Praxis: Der Transfer

N Noch einmal: Die Wiederholung

E Evaluation: Das Feedback

Gestalten Sie jede dieser Phasen bewusst und aktiv, in dem Sie die für sich passenden Früchtchen, d.h. Methoden, einsetzen.

Methoden + Phasen : Apfelsin

Einstieg

Einladung

Warming Up

Motivation

Arbeitsphasen

Stoffvermittlung

Pause

Stofferarbeitung

Abschluss

Transfer

Wiederholung

Feedback

Vergessen Sie dabei nicht, ein Motto, eine visualisierte Agenda, eine Fachlandkarte (vgl. Ritter-Mamczek, B.: Stoff reduzieren, Leverkusen. 2011) einzusetzen. Dies hilft Ihnen, Ihren splendid Faden durch alle Veranstaltungsphasen zu halten und in sich schlüssig zu spannen.

Und haben Sie es schon gemerkt?
Die Apfelsine hilft Ihnen auch im Kleinen, eine Methode einzuführen, durchzuführen und auszuwerten. Viel Freude dabei!

Was die Apfelsine noch kann?
Sie hilft Ihnen auch, sich im vorliegenden Buch zu orientieren. Sie können das Buch von „vorne" und von „hinten" lesen:

- Beim Lesen von „vorne" bekommen Sie alle Methoden im Überblick.
- Beim Lesen von „Hinten" finden Sie alle Methoden passgenau und phasenbezogen dargestellt.

Wir laden Sie ein zum Ausprobieren!
Viel Freude!

„Sei frech
und wild
und
wunderbar."

[P. Langstrumpf]

3. Das Obst – die Auswahl ist riesig

„Sei frech und wild und wunderbar."
(Pippilotta Viktualia Rollgardina Pfefferminz Efraimstochter Langstrumpf)

Sich in der Vielfalt der Methoden zu recht zu finden, die passende Übung und Technik für die eigene Veranstaltung bzw. Phase zu finden und zielsicher auszuwählen, dazu sollen die folgenden Früchtchen ein Beitrag sein.

Unser Grundidee ist: Seien Sie OBST!

O Originell
B Bereichernd
S Stimulierend
T Tolerant

Sie entscheiden, welche Atmosphäre, welche Stimmung in Ihrer Veranstaltung herrscht: Neugieriges, Originelles, Überraschendes und Wildes kann dabei Ihr methodischer Begleiter sein.

Wir laden Sie ein zu probieren und zu experimentieren!
Viel Freude dabei!

"Bist Du
wütend,
zähl bis 4,
hilft das nicht,
dann explodier."
[W. Busch]

Die Früchte – Auf dem Weg zum Trainingsvergnügen

Wie das gehen kann?

Mit unseren splendid Früchten auf dem Weg zum fruchtigen Lern- und Trainingsvergnügen.

Berücksichtigen Sie die Phasen der Apfelsine und bauen Sie in die eine oder andere Phase eine Methode, ein Früchtchen ein!

Unsere Früchte bedeuten:

F	Freiräume schaffen
R	Rahmenbedingungen berücksichtigen
Ü	Überblick geben
C	Cool – Chic – Charmant sein und bleiben
H	Hier und jetzt sein
T	Tempo geben und herausnehmen
E	Ehrlich und wahrhaftig, d.h., authentisch sein

„Nutze die
Talente, die Du hast.
Die Wälder wären
sehr still, wenn
nur die begab-
testen Vögel
sängen.“
[H. v. Dyke]

Die Trainertraube

Sie fragen sich, welche besonderen Kompetenzen Sie als Trainer in diesem fruchtigen Konzept haben sollten?

Die Traube hilft Ihnen, zu reflektieren!

Trainerverhalten mit der Traube:

T	Tatkräftig, d.h., Sie packen an und sind ein Mensch der Aktion.
R	Rollenklarheit, d.h., Sie verstehen sich als Lernen-Ermöglicher und wollen nicht selbst im Mittelpunkt stehen.
A	Alternativ, d.h., Sie haben ein breites Methodenrepertoire, kennen Alternativen und können zwischen den Methoden gezielt auswählen.
U	Uhr im Blick, d.h., Sie haben die Hoheit über das Zeitmanagement Ihrer Veranstaltung bzw. Ihres Methodeneinsatzes und steuern dies im Hintergrund.
B	Beteiligen, d.h., Sie integrieren alle Teilnehmer in den Trainingsprozess.
E	Eigene Reflektion, d.h., Sie reflektieren Ihr Verhalten während und nach dem Trainingsprozess.

„Jeder
Mensch ist
ein Künstler."
[J. Beuys]

Die Teilnehmertraube

Die Traube ist nicht nur die Frucht des Trainers, sondern auch die Frucht, die mit Blick auf Ihre Teilnehmer hilft, die richtige Methode, das passende Früchtchen zu finden:

T	Transfer, was brauchen Ihre Teilnehmer in der Praxis wirklich?
R	Richtungsweisende Ziele, was wollen Ihre Teilnehmer konkret erreichen.
A	Alter, wie alt sind Ihre Teilnehmer und was sind sie gewohnt, wobei sind sie irritiert. Wollen Sie irritieren?
U	Umstände, sind Ihre Teilnehmer geschickt worden oder sind sie freiwillig in der Veranstaltung?
B	Bedürfnisse, welche Wünsche und Bedarfe haben Ihre Teilnehmer.
E	Erfahrungen, welche Vorerfahrungen haben Ihre Teilnehmer ggf. bereits mit dem Thema, an dem Trainingsort, der Methode bzw. mit Ihnen gemacht?

„Zwei Löffel
passen nicht
in einen Mund."

[Afrikanische Weisheit]

Die Zitrone der Wahl

Zum Auswählen der passenden Methode/Technik hilft Ihnen die Zitrone! Reflektieren Sie die Fragen und Gedanken und finden Sie in den folgenden Seiten Ihre passende Methode!

Ihre Zitrone

Z	Ziel und Phase – Was wollen Sie in welcher Phase erreichen?
I	Ich und Erfahrungen – Was passt zu Ihnen, macht Ihnen Freude und welche Erfahrungen haben Sie damit?
T	Teilnehmer und Erwartungen – Wer sind Ihre Teilnehmer, wie viele sind es, mit welchen Erfahrungen?
R	Rahmen und Uhr – Wie sind die Rahmenbedingungen, zu welcher Uhrzeit findet Ihre Veranstaltung statt?
O	Ort und Vorbereitung – Wie ist der Raum gestaltet, Sitzordnung, Bestuhlung und welche Vorbereitungen sind für die Methode zu treffen?
N	Nachhaltigkeit und Motivation – Wie trägt die Übung zur Transfersicherung und Umsetzung in der Praxis bei?
E	Energie und Aktivität – Welche Energie wird durch die Methode freigesetzt bzw. welche Energie und Aktivität setzt die Methode voraus?

Beantworten Sie die genannten Fragen, finden Sie damit Ihr passendes Früchtchen und machen Sie sich Ihren Obstsalat!

Viel Freude dabei!

„Nicht weil
es schwer ist
wagen wir es
nicht, sondern
weil wir es nicht
wagen, ist es schwer."

seneca

4. Methoden – wie geht's genau?

Auf den folgenden Seiten finden Sie unsere 22 praxiserprobten Methoden/Techniken für Ihre Veranstaltung. Alle Methoden sind knapp und konkret beschrieben.

Die Details zum Einsatz der Methoden in den Seminarphasen finden Sie, wenn Sie das Buch umdrehen und von „hinten" lesen.

Viel Freude beim Ausprobieren!

1. Domino
2. Fragen auf Antworten
3. Fünf Personen
4. Hitliste
5. Ideenlauf
6. Ins Netz gegangen/Koffer packen
7. Kopfstand
8. Kugellager
9. Lebendige Statistik
10. Murmeln
11. Netz der Gemeinsamkeiten
12. Platzdeckchen
13. Postkarten, Figuren, Gegenstände
14. Rätsel/Fehler einbauen
15. Schlagzeile
16. Scrabble
17. Streichholz
18. Strukturlegetechnik
19. Vernissage
20. Wachsende Gruppen
21. Zufallsgruppenbildung
22. Zurufabfrage/Fragespeicher

„Grau ist alle
Theorie,
entscheidend
ist auf'm Platz."
[A. Preißler]

Wie wir vorgehen...

Unsere splendid Methoden finden Sie auf den folgenden Seiten, Schritt für Schritt.

Um Ihnen das Lesen zu erleichtern, helfen folgende Erkennungszeichen:

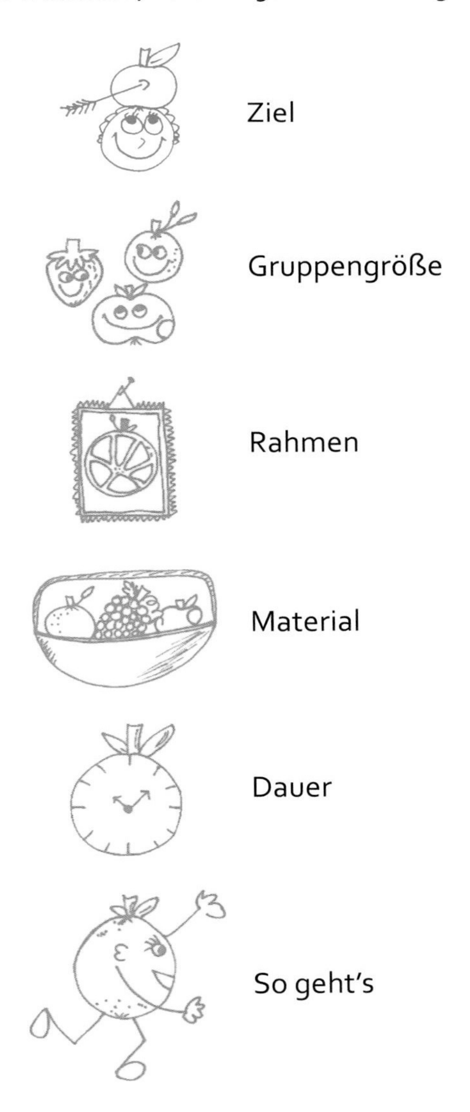

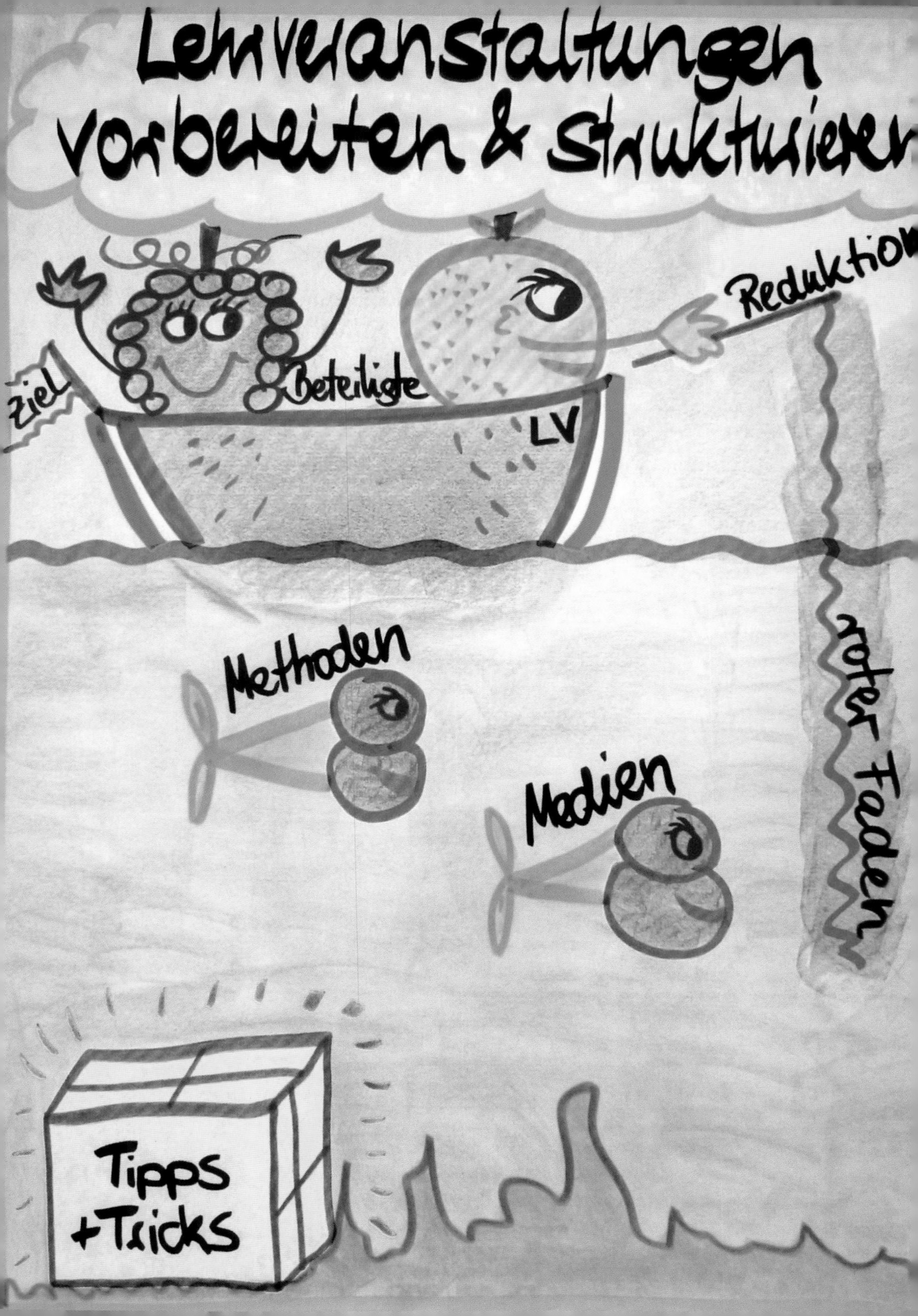

Lehrveranstaltungen vorbereiten & strukturieren

Ziel

Beteiligte

Reduktion

LV

Methoden

roter Faden

Medien

Tipps + Tricks

4.1 Domino

Zur Wiederholung
Vernetztes Denken
Ganzheitliches Lernen

4-19,
bei mehr
Teilnehmern
Gruppe teilen

Freifläche, auf der die Dominosteine abgelegt werden können

Moderationskarten als Dominosteine, Stifte

Vorbereitung der Karten in Paaren: 5-10 Min.
Gemeinsam: 15 Min.

Die „Dominosteine" (hier: Metaplankarten) werden paarweise vorbereitet, indem in der Mitte der Karte ein Querstrich gezogen und je zwei Schlagworte/ Lernbegriffe/Assoziationen zum Thema auf der Karte notiert werden.

Das Seminardomino funktioniert dann wie ein „echtes" Domino-Spiel, mit einer Ausnahme, es darf alles angelegt werden, wenn verbal eine Brücke geschlagen werden kann.

Wird der gleiche Begriff angelegt, sollte dieser vom Teilnehmer erklärt werden. Alle Teilnehmer sind „Schiedsrichter" und entscheiden über „passend" oder „unpassend".

Sie können Domino langsam spielen, dann ist jeweils im Uhrzeigersinn der nächste Nachbar dran, oder als Temporunde, wer zuerst anlegt, hat das Wort.

Umgang mit Störungen
Verhalten
1. Hilfe
Strategie
Situation
Störung
Umfeld

4.2 Fragen auf Antworten

Kennenlernen, Perspektivenwechsel
Start eines neuen Themas,
Wiederholung

3-24,
auch für
Großgruppen bis 40
Personen

Seminarraum-
bestuhlung

Moderationskarten,
Stifte

Antworten-Sammlung:
10 Min.
Gemeinsame Fragerunde:
20-30 Min.

1. Schritt:
Die Teilnehmenden stellen in Einzel- oder Gruppenarbeit (in Großgruppen) Antworten z.B. zur Vorstellung der eigenen Person, Wiederholung oder Zusammenfassung eines Themas, Präsentation eines Fachgebiets/Projektes etc. zusammen und halten diese auf Karten fest.

2. Schritt:
Die Einzelpersonen oder Gruppen stellen im Plenum (bzw. bei Großgruppen in wachsenden Gruppen) nach Zufallsprinzip die Antworten vor, die anderen Gruppen/Teilnehmenden raten die passenden Fragen dazu. Die Teilnehmenden kommen so in einen Austausch zum Kennenlernen, zum Wiederholen eines Themas oder zum Start in ein neues Thema.

4.3 Fünf Personen

Empathie, Kritikfähigkeit, Perspektivenwechsel
Ideenfindung
Reflexion und Transfer

4-20,
auch in
Großgruppen

Arbeit in kleinen
(Nachbarschafts-) Gruppen
2-3 Personen,
gemeinsame Auswertung

Arbeitsauftrag auf
Flipchart, Handout

10-15 Min. Murmelgruppen
zu den 5 Personen
10-15 Min. gemeinsame
Auswertung

Sie gehen gemeinsam mit Ihren Teilnehmern auf die Transferreise, so nach dem Motto:

„Stellen Sie sich vor, das Seminar ist zu Ende und Sie treffen 5 Personen. Die erste Person ist der 10jährige Nachbarsjunge.
Was würden Sie ihm sagen, was Sie im Seminar gelernt haben und umsetzen wollen?"

Die Teilnehmer murmeln mit ihren Nachbarn und tauschen sich konkret über ihre ersten Transferschritte aus.

Im nächsten Schritt treffen sie die 2. Person usw. jede Person, in deren Reaktion sich Ihre Teilnehmer hineinversetzen, repräsentiert eine bestimmte Sichtweise.

Fünf Personen – Fortsetzung

Mögliche 5 Personen sind

- Der 10jährige Nachbarsjunge
- Die Frau an der Kasse von Ihrem Supermarkt
- Die Lieblingskollegin/-kollege
- Der „Gegenspieler" in der Firma/Institution
- Die Bundeskanzlerin

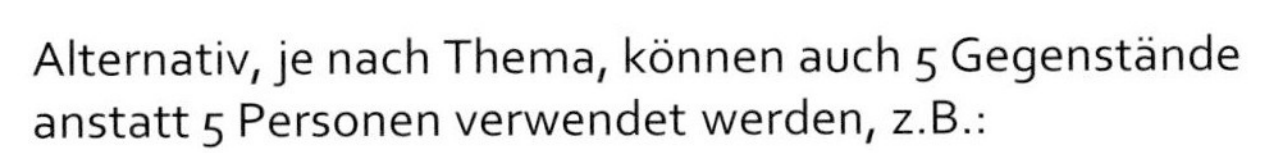

Im Anschluss tauschen Sie sich im Plenum zu den Erfahrungen und Transfergedanken mit Ihrer Gruppe aus.

Alternativ, je nach Thema, können auch 5 Gegenstände anstatt 5 Personen verwendet werden, z.B.:

- Die Kaffeetasse
- Die Schreibtischplatte im Büro
- Die Lieblingsjacke
- Die Lock eines ICEs
- Eine Briefmarke

Was sagt diese Gegenstände z.B. zum Transfer Ihrer Teilnehmer bzw. was erzählen Ihre Teilnehmer diesen Gegenständen zu ihren Zielen?

Die gute Kreativität
Beteiligte
Techniken
ich
Umfeld
Ideen

„Das Ziel von
Bildung
ist nicht wissen,
sondern Handlung."

[H. Spencer]

4.4 Hitliste

In Metaphern denken
Dinge aussprechen, die nicht gesagt werden würden
Kreativität fördern
Vielfalt fördern

3-19
Großgruppen:
mit Nachbarn
murmeln

keine

Hitliste zu Obst, Türen, Fortbewegungsmitteln oder anderen variantenreichen Metaphern

Auswahl des „Hits" von der Liste: 2-3 Minuten
Pro Person 1-2 Minuten zur Erklärung

Führen Sie in das Thema, die Metapher der Hitliste ein und verteilen Sie im Anschluss die Hitliste.

Jeder hat dann einen Augenblick Zeit, die für sich passende Assoziation zum Thema o.ä. auszuwählen.

Im Anschluss werden im Plenum – oder in Großgruppen mit dem Nachbarn – die Metaphern vorgestellt.

Beispiel siehe nächste Seite!

Hitliste – Fortsetzung

Beispiel für Obst / Gemüse:

Alberne Kichererbse
Bittere Pomelo
Blumiger Blumenkohl
Feuerrote Kirsche
Freches Radieschen
Frische Maracuja
Gekühlte Papaya
Giftiger Fliegenpilz
Herbe Boysenbeere
Kecke Heidelbeere
Kleinteilige Artischocke
Knallgrüne Limone
Mutiger Sauerampfer
Piecksige Stachelbeere
Reife Möhre
Samtige Aprikose
Scharfe Peperoni
Sonnengelbe Mirabelle
Spargel der Saison
Strukturierte Apfelsine
Süßsaure Gurke
Tropische Mango
Unreife Olive
Vitaminreiches Obstshake
Weiße Schwarzwurzel
Zartes Mandelbrot

Anrührende Zwiebel
Blaue Pflaume
Buntes Tutti Frutti
Feurige Chilli
Freie Strauchtomate
Fruchtige Orange
Geschwätzige Petersilie
Grasgrüne Zuckerschote
Junges Gemüse
Kleinteiliger Broccoli
Leuchtende Birne
Pelziger Salbei
Purpurfarbene Brombeere
Saftige Wassermelone
Saure Zitrone
Schmackhafte Erdbeere
Sonnengereifte Tomate
Starker Obstsalat
Stinkender Rosenkohl
Süße Ananas
Trockene Kartoffel
Überreife Banane
Urlaubsreife Kaffeebohne
Wachsweiches Affenbrot
Wilde Erdbäre
Zuckersüße Weintrauben

Vorlesen einmal anders

„Menschen bilden bedeutet nicht, ein Gefäß zu füllen, sondern …

… ein Feuer zu entfachen."

Aristophanes

Kompetenzorientiert
Prüfen
Kom-
petenz
Format
Ein-
flüsse
Krite-
rien
Beur-
teilung
Lehrveranstaltung
Rolle
Lehr-/
Lernziele
Rahmenbedingungen

4.5 Ideenlauf

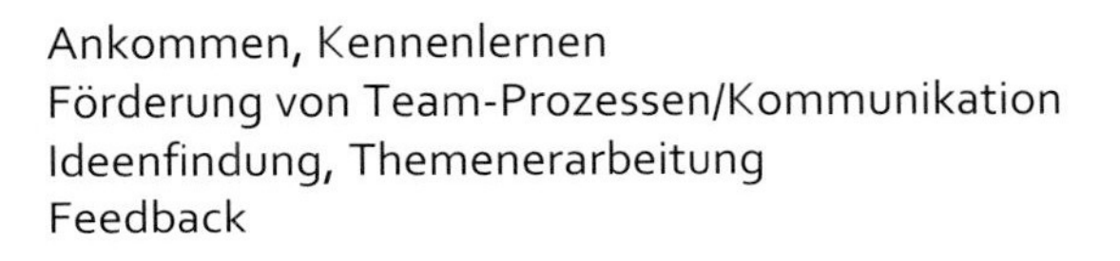

Ankommen, Kennenlernen
Förderung von Team-Prozessen/Kommunikation
Ideenfindung, Themenerarbeitung
Feedback

3-19,
auch für
Großgruppen
bis 1.000

Ausreichend Platz für Ideenlauf (keine Stühle/Tisch, die behindern)

3-4 Pinwände/ Flipcharts bei bis zu 19 TN, (sonst entsprechend mehr)

20 Min. Ideenlauf, 20 Min. Auswertung (oder länger je nach Gruppengröße)

In den vier Ecken des Raumes werden Plakate mit unterschiedlichen Themen, Fragen, Ausgangssituation für Ideen zugeordnet.

Die Teilnehmer laufen herum und „sortieren" sich entsprechend ihrer Interessen, es entstehen immer neue Grüppchen.

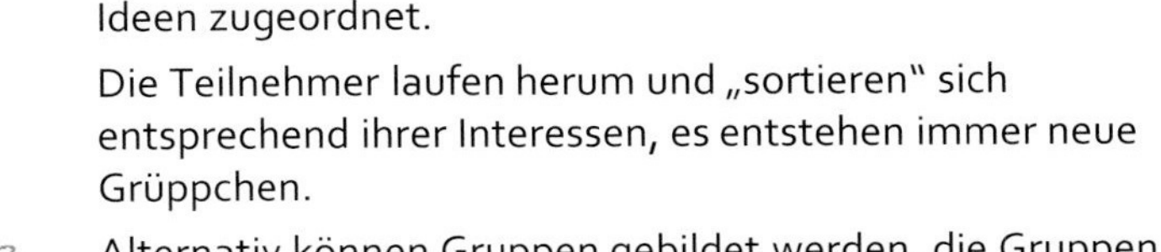

Alternativ können Gruppen gebildet werden, die Gruppen wechseln von Ecke zu Ecke, tauschen sich zu den Ideen, Fragen aus und halten Ihre Ergebnisse auf dem Plakat/Flipchart fest.

Anschließend werden die Ergebnisse gemeinsam ausgewertet. Die Übung ist sehr einfach in der Vorbereitung/ Durchführung und sehr flexibel einsetzbar. Mögliche Fragen für den Ideenlauf:

- Wie geht's Ihnen heute Morgen?
- Mein schönstes Erlebnis bisher bei ....
- Fragen, die aus Ankündigung des Seminars entstanden sind...
- Meine Erwartungen an das Thema XY
- Meine Ideen....

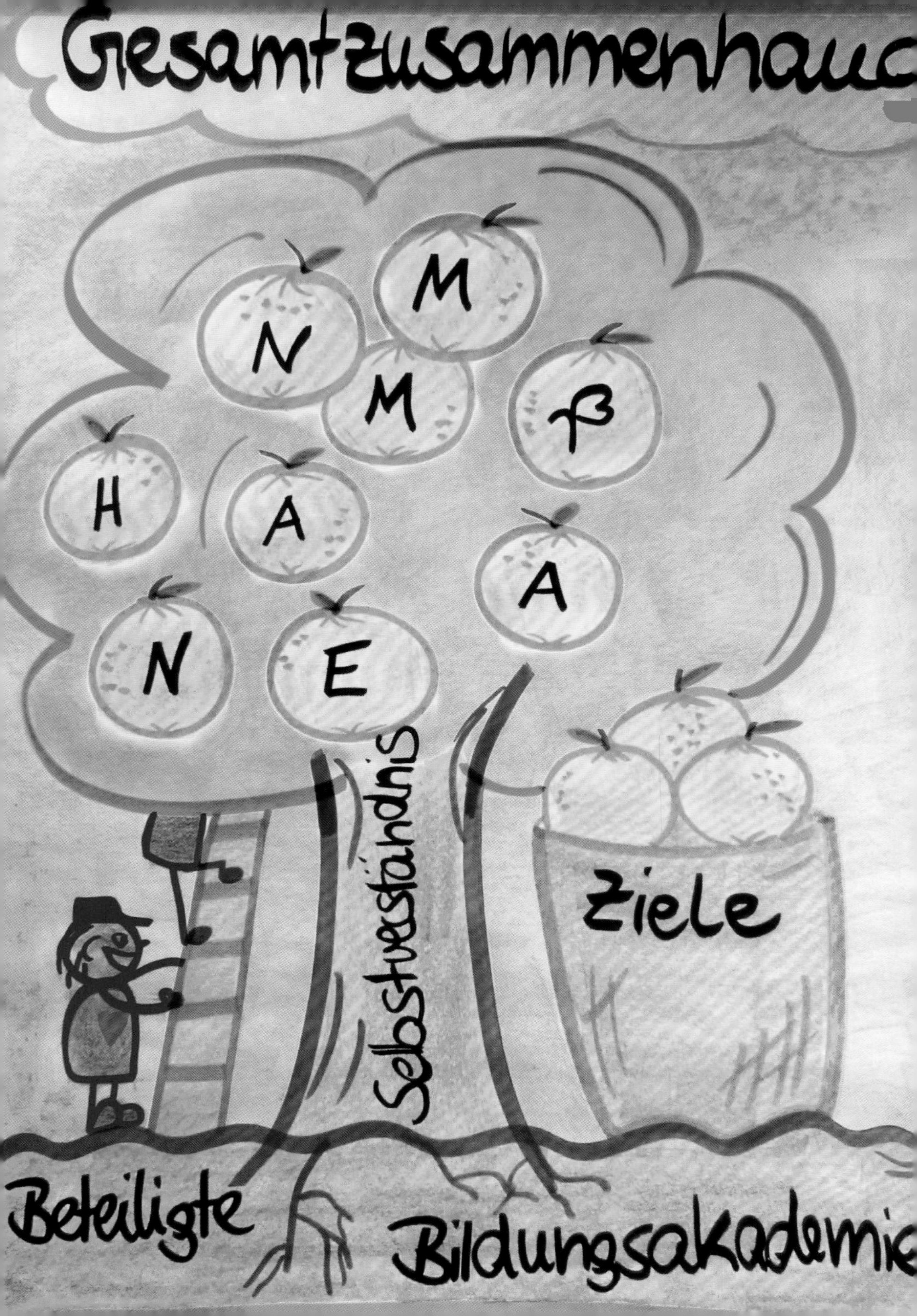
Gesamtzusammenhan
M
N
M
ß
H
A
A
N
E
Selbstverständnis
Ziele
Beteiligte
Bildungsakademie

4.6 Ins Netz gegangen/Koffer packen

Zur Wiederholung
Transfer in die Praxis

3-19,
auch für
Großgruppen

Je nach Gruppengröße
Platz fürs Netz/Koffer

Pinwand und Netz,
Flipchart mit gemaltem Koffer,
Erntebaum oder Koffer mit
Klebeband auf Boden kleben,
Moderationskarten

30 Min.

Auf ein Plakat wird ein Netz mit Fischen gemalt, gepinnt oder alternativ eine Tasche / Koffer/Erntebaum aufgezeichnet.

Die Teilnehmer tauschen sich in Gruppen (z.B. mit einer Person, mit der ein Teilnehmer im Seminar/Workshop nicht so viel zu tun hatte) zur Frage aus „Was ist bei mir heute/in den vergangenen Tagen ins Netz gegangen?", bzw. „Was nehme ich aus dem Seminar/Workshop mit?" bzw. „Was ernte ich?".

Die Ergebnisse werden auf Karten geschrieben und ins Netz/in den Koffer/Erntebaum gepinnt.

Kurze gemeinsame Vorstellung der „Fische", „was ich einpacke", „was ich ernte" bzw. „meine Früchtchen" in der Runde.

Arbeitsorganisation
TYP
Techniken
Zeit
Rahmen
Bedingungen

4.7 Kopfstand

Ideen freisetzen
Konventionelle Wege verlassen,
Perspektivenwechsel,
Transfer

2-20, auch für Großgruppen

keine

Flipchart

Insgesamt 40 Min

10 Minuten in 3er Gruppen, Nachbarschaftsgruppen Ideen zur paradoxen Intervention sammeln:
„Was muss alles passieren, damit Sie keine Lust mehr auf den Workshop haben?"

10 Minuten:
Ideen und Punkte auf Zuruf am Flipchart sammeln

Dann zweite Frage in die Gruppe und nochmals 10 Minuten sammeln:

„Das war die Kopfstandmethode, nun wenden Sie bitte alles ins Gegenteil.
Stellen Sie Ihr Ergebnis der Gruppe vor: Was müssen wir tun, damit wir motiviert, konstruktiv und erfolgreich zusammenarbeiten können?"

Gemeinsame Auswertung der Ergebnisse, ggf. Spielregeln ableiten.

Alles ist Kommunikation
Sozialkompetenz
Beteiligte
Kooperation
roter Faden
1. Hilfe
s e t t i n

4.8 Kugellager

Aktivierung der gesamten Gruppe
Gruppendynamik
Konzentration
Ideenfindung, Start eines neuen Themas

Ab 10 Personen,
auch für
Großgruppen bis
150 Personen

Ausreichend Platz für das Kugellager, keine Tische,
Wenn nicht gerade Anzahl an Teilnehmern, selbst mitmachen

Ggf. Fragen auf Flipchart, MS-Powerpoint bei Großgruppen

ab 25 Min.

Es werden ein Innen- und ein Außenkreis gebildet... Der Innenkreis schaut nach außen der Außenkreis schaut nach innen.

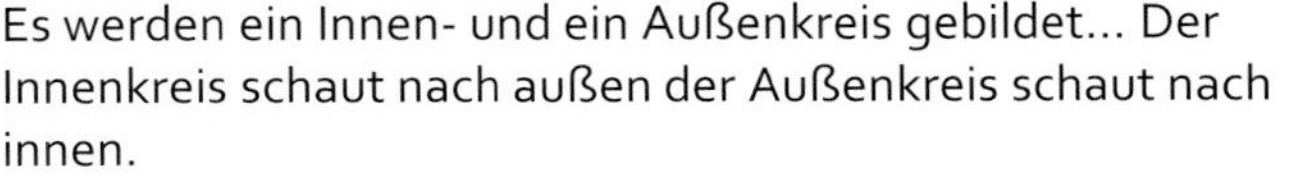

Und los geht's. Alle Teilnehmer haben einen anderen Teilnehmer gegenüber. Der Trainer/Moderator nennt die erste Leitfrage. Alle diskutieren zu zweit 3-5 Minuten zu dieser Frage.

Danach macht der Innenkreis einen Schritt nach links. Alle Teilnehmer haben nun eine neue Person gegenüber. Der Trainer/Moderator nennt die nächste Frage und die 2er Diskussion setzt sich mit einem neuen Pärchen fort usw.

Gesprächsführung in der Gesellenprüfung
Ziel
Typ
Kriterien
Prüfling
Prüfer
Kommunikation
Rahmenbedingungen

4.9 Lebendige Statistik

Aktivierung der Teilnehmer
Gruppenbildung

8-19,
auch für
Großgruppen

Ausreichend Platz

nichts

10-20 Min. je nach Gruppengröße

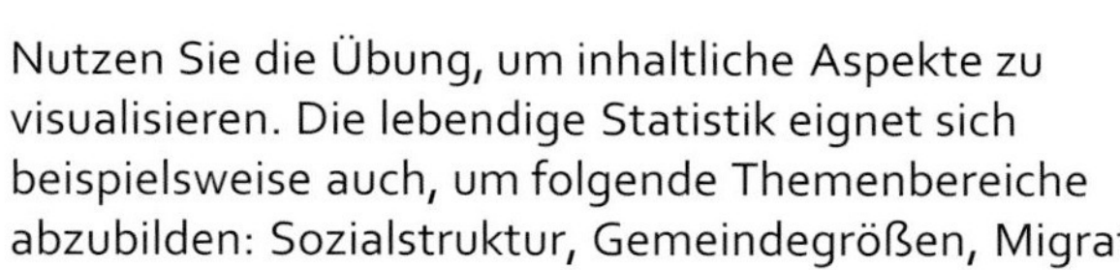

Bitten Sie die Teilnehmer aufzustehen und sich anhand einer bestimmten Fragestellung im Raum aufzustellen.

Aus manchen Fragestellungen ergibt sich eine Linie: „Bitte stellen Sie sich in der Reihenfolge ihrer Firmenzugehörigkeit auf". Aus anderen Fragestellungen entwickelt sich eine Verteilung über den Raum: „Bitte stellen Sie sich nach der geographischen Lage Ihres Geburtsortes auf".

Nutzen Sie die Übung, um inhaltliche Aspekte zu visualisieren. Die lebendige Statistik eignet sich beispielsweise auch, um folgende Themenbereiche abzubilden: Sozialstruktur, Gemeindegrößen, Migration, Konsumgewohnheiten.

Auch Fragen zur bisherigen Erfahrung können interessant sein, beispielsweise:
„Wie viel Erfahrung mit Gruppenarbeit haben Sie?" Oder auf einer gedachten Skala durch den Raum: „Wer hat sehr gute Erfahrung mit Gruppenarbeit, wer hat sehr schlechte Erfahrung mit Gruppenarbeit?"

Ein Balance-Akt!
Rollen
Lebenssituation

4.10 Murmeln

Aktivierung aller Teilnehmenden
Diskussion auf höhere Ebene heben
Fragen klären, informeller Lernen
Transfersicherung

ab 4,
auch in
Großgruppen
möglich

keine	nichts	3-7 Min.

Wenn Sie aktivieren, eine Reflektion anstoßen wollen oder keine Zeit für eine Partner- oder Gruppenarbeit ist (z.B. bei einem Vortrag) und Sie dennoch einen Anstoß zur kritischen Auseinandersetzung mit den soeben vermittelten Inhalten geben möchten, hilft das Murmeln.

Alle Teilnehmenden bleiben an ihren Plätzen, wenden sich dem rechten oder linken Nachbarn zu und diskutieren die praktischen, persönlichen Konsequenzen des so eben Gehörten innerhalb von 3 bis 7 Minuten...

Anschließend sind alle aktiviert und die folgende Diskussion kann auf „einer höheren Ebene" beginnen, bzw. die Teilnehmenden lauschen aktiv dem nächsten Teil des Vortrags.

Lassen Sie Ihre Teilnehmer nicht zu lange murmeln, höchsten 2-3 Minuten. Sonst ist „die Luft raus" und Sie bekommen keine Beiträge mehr im Plenum.

Die Aufsichtsperson als Train
Grund-
lagen
Praxis
Lehr- / Lernverständnis

4.11 Netz der Gemeinsamkeiten

Gemeinsamkeiten finden
Teamgefühl erzeugen
ins Reden kommen, aktivieren

5-15

Platz im Seminarraum, ohne Tische

Pinwand

Moderationskarten/ Stifte

10 Min.

Ein großer leerer Kreis wird an die Pinwand gezeichnet, alle Teilnehmer hängen ein Namensschild gleichmäßig verteilt um den Kreis.

Auf „los" lernen sich die Teilnehmer untereinander kennen (immer im 2er Gespräch) und finden eine Gemeinsamkeit. Diese visualisieren sie mit Hilfe einer gemeinsamen Verbindungslinie, nach 2 Minuten wird gewechselt, die nächsten Pärchen entstehen und finden eine Gemeinsamkeit...

Feuern Sie an: Wer wird der Kennenlern-König und schafft die meisten Kontakte?

Im Anschluss stellt der Kennenlern-König „seine" Kontakte im Plenum vor.

Moderieren + Präsentieren

Gruppe

Techniken

Visualisierung

Struktur

roter Faden

Moderation

Präsentation

4.12 Platzdeckchen

Individuelle Auseinandersetzung mit einem Thema
Konsensfindung
Diskussion im geschützten Raum
Aktivierung

8-25,
auch für
Großgruppen

Gruppenbildung
(Steh-)Tische, an denen die Gruppen je mit 1 Flipchart als Platzdeckchen arbeiten können

Flipchartbögen,
Mehrfarbige Stifte

1. Phase : 10-15 Min.
2. Phase: 15-20 Min.
3. Phase: Galerie 15-20 Min.

Teilen Sie Ihre Seminargruppe in gleichgroße Gruppen ein, idealerweise 4er Gruppen. Die Teilnehmer stellen/setzen sich im Anschluss um einen Tisch, auf dem ein Flipchartbogen als Tischdecke liegt. In die Mitte des Blattes malen Sie einen gemeinsamen Kreis und die 4 Ecken sind die „Einzelräume"...

In der 1. Runde (Einzelarbeit) reflektiert jeder schweigend für sich die Fragestellung und notiert sich die wesentlichen Dinge in „seinem" Feld.

In der 2. Runde (Konsensfindung, Kennenlernen) tauschen sich die Teammitglieder darüber aus und halten ihre Gemeinsamkeiten im Zentrum fest.

In der 3. Runde werden alle Platzdeckchen in der Plenumsgalerie ausgestellt oder im Speed-Dating den anderen Gruppen vorgestellt.

Selbst- & Zeitmanagemen
Techniken
ich
Lebens-
situation

4.13 Postkarten, Figuren, Gegenstände

Kennenlernen
Aktivierung
Interesse an den anderen wecken

3-19,
sonst Paare bilden

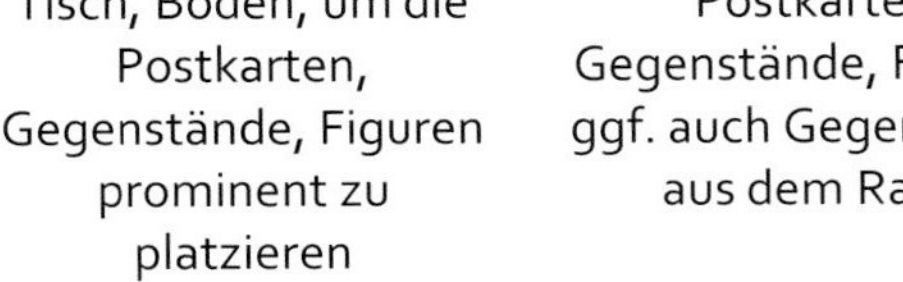

Tisch, Boden, um die Postkarten, Gegenstände, Figuren prominent zu platzieren

Postkarten, Gegenstände, Figuren, ggf. auch Gegenstände aus dem Raum

Ca. 5 Min. Einleitung und aussuchen der Postkarte, gemeinsame Runde. ca. 1-2 Min. pro Teilnehmer

Jeder wählt sich eine Postkarte oder eine der bereitgestellten Figuren, Gegenstände zu einer bestimmten Fragestellung aus: wie z.B. Kennen lernen, Wiederholung, Schlüssel zum Tag, Feedback.

Anschließend wird dazu eine „Runde" gemacht, in der die Teilnehmer ihre gewählten Postkarten, Figuren, Gegenstände zur Fragenstellung erläutern.

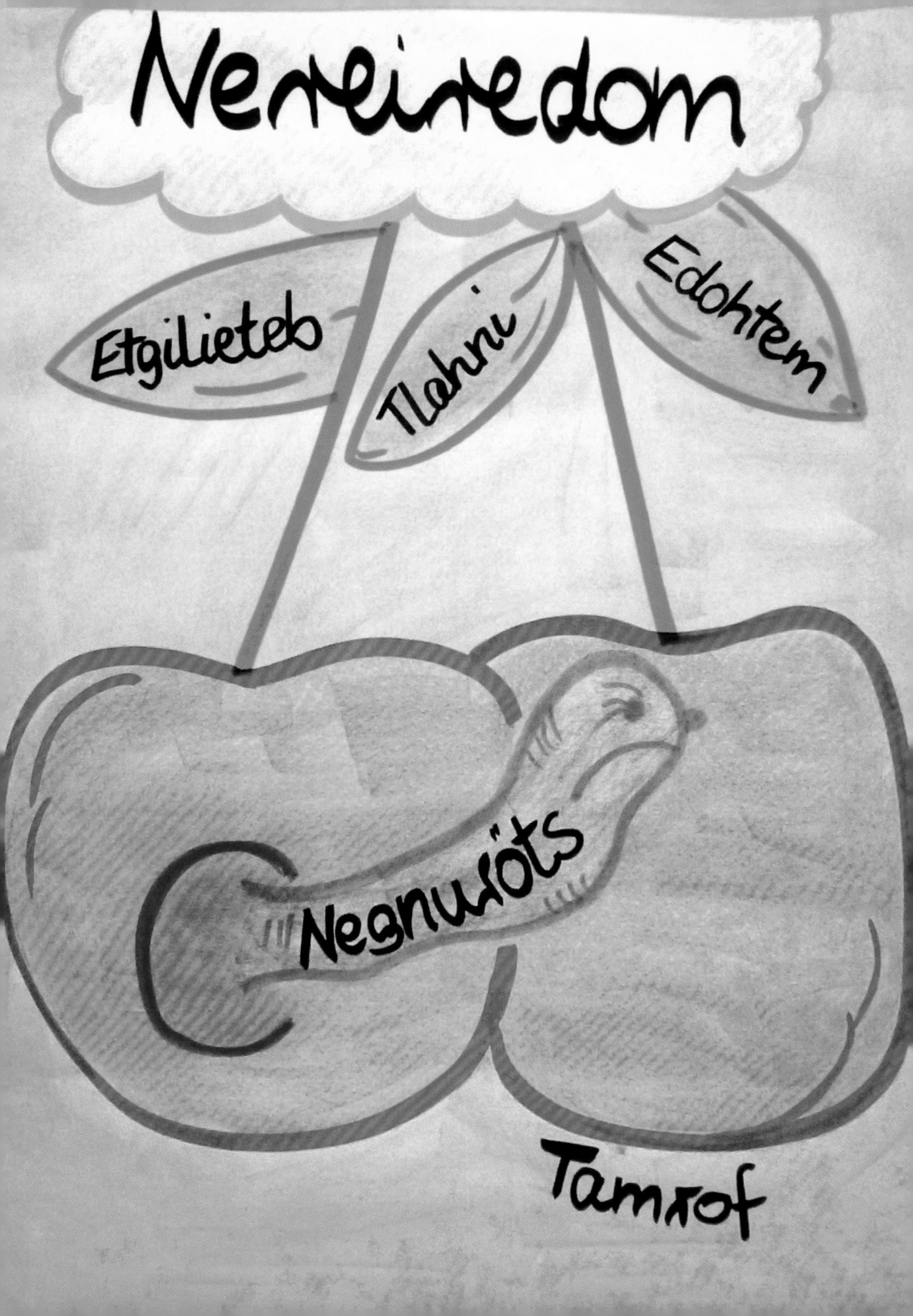
Nereiredom
Etgilieteb
Tlahni
Edohtem
Negnuröts
Tamrof

4.14 Rätsel / Fehler einbauen

Aktivierung der Teilnehmer
Perspektivenwechsel
Start eines neuen Themas
Störungen

3-1.000

keine

Flipchart, Stifte, Moderationskarten

5-10 Min.

Sie nutzen den Fußboden als lebendige Pinwand oder Präsentationsfläche, indem Sie Gegenstände platzieren und zentrale Themen und Begriffe auf dem Fußboden in der Mitte entwickeln.

Dabei können Sie geschickt Fehler – z.B. Zahlendreher – einbauen und so immer wieder die Aufmerksamkeit Ihrer Teilnehmer zurückholen.

Sie können auch einfach mal rückwärts schreiben, oder vklls (vokallos).

Zum Beispiel:

Herzlich Willkommen zum nenöhcs Montag...
oder
Hrzlch Wllkmmn zm schnn Mntg...

Arbeiten mit Großgruppen
Organisation
Ort
Ziel
Methoden
Gesamtkontext
Beteiligte
Kontakt
Kommunikation
Kompetenz

4.15 Schlagzeile

Einbeziehung aller Teilnehmer
Ankommen, Wiederholung
Feedback

3-45,
auch für
Großgruppen
geeignet

Je nach Teilnehmerzahl, 3er bis 5er Gruppen bilden

Flipchart mit Schlagzeilen von Zeitungstitelseiten bekleben.

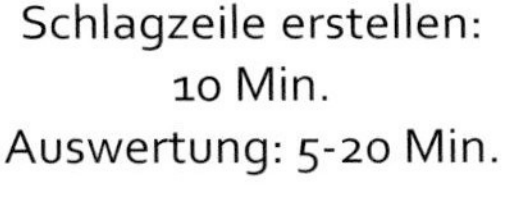

Schlagzeile erstellen:
10 Min.
Auswertung: 5-20 Min.

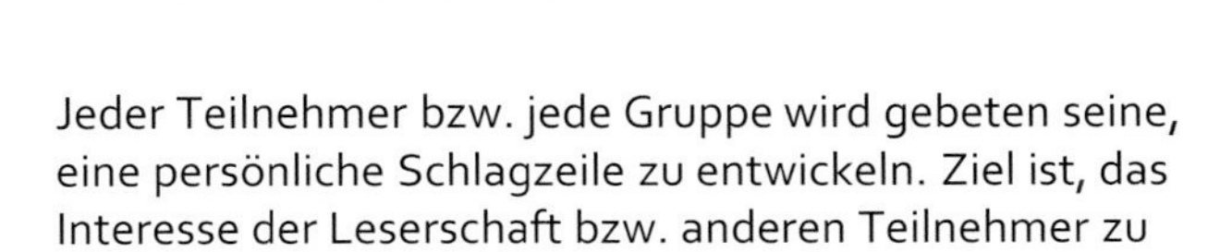

Jeder Teilnehmer bzw. jede Gruppe wird gebeten seine, eine persönliche Schlagzeile zu entwickeln. Ziel ist, das Interesse der Leserschaft bzw. anderen Teilnehmer zu wecken.
Die Schlagzeile kann gezielt formuliert werden: Entsprechend der Stimmung oder der Erwartungen oder…

Auswertung:
Jeder bzw. jede Gruppe stellt sich und seine/ihre Schlagzeile vor.

- Was ist aufgefallen?
- Wo sehen Sie die Trends?
- Wo gibt es Gemeinsamkeiten/wo Unterschiede?

In der Großgruppe: Präsentation der Schlagzeilen in der Galerie oder an der Pinwand als „Litfaßsäule".

Work-Life-Balance
Rollen
Techniken
Lebenssituation

4.16 Scrabble

Erwartungs-, Erfahrungsabfrage
Start in ein neues Thema
Wiederholung, Feedback

3-24,
auch für Großgruppen
geeignet

Durchführung in
Gruppen, Partnerarbeit

Flipchart, Pinwand,
Stifte

Scrabble: 5-10 Min.
Auswertung: 10 Min

Je ein Begriff wird – zum Start eines Themas, zur Wiederholung , wie unten dargestellt, auf ein Plakat geschrieben. Es werden Zufallsgruppen gebildet und die Gruppen assoziieren ihre Gedanken und Ideen dazu (z.B. rotierend nach Zeit).

Eine Fragestellung könnte sein:
„Wenn Sie an den gestrigen Tag denken, was geht Ihnen durch den Kopf, was mit folgenden Buchstaben anfängt, endet oder einen dieser Buchstaben enthält?":

L
E
R
N
E
N

Es werden Begriffe assoziiert, die z.B. mit „L" anfangen und mit „N" aufhören, ein „E" oder „R" enthalten etc.

Die Ergebnisse des Scrabbles werden anschließend gemeinsam ausgewertet.

Trainerkompetenzen
T
M
O
P
E
E
N
K
E
N
Z
Rolle
Lehr-Lern-Verständnis

4.17 Streichholz

Feedback
Wortbeiträge von Vielrednern kürzen und von Schweigern herausfordern

3-19

Achtung
Rauchmelder ;-)

Streichhölzer,
Wasserglas zum
Entsorgen der Hölzlis

30 Sek.
pro Teilnehmer

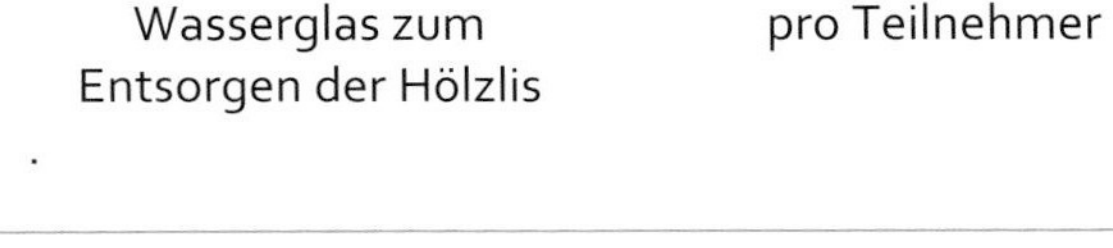

Jeder Teilnehmer hat die Länge eines brennenden Streichholzes Zeit, sich zu der genannten Fragestellung – z.B. „Wie geht's Ihnen nach unserem ersten Tag?" – zu äußern.

Sobald das Streichholz erlischt ist der Nächste an der Reihe.

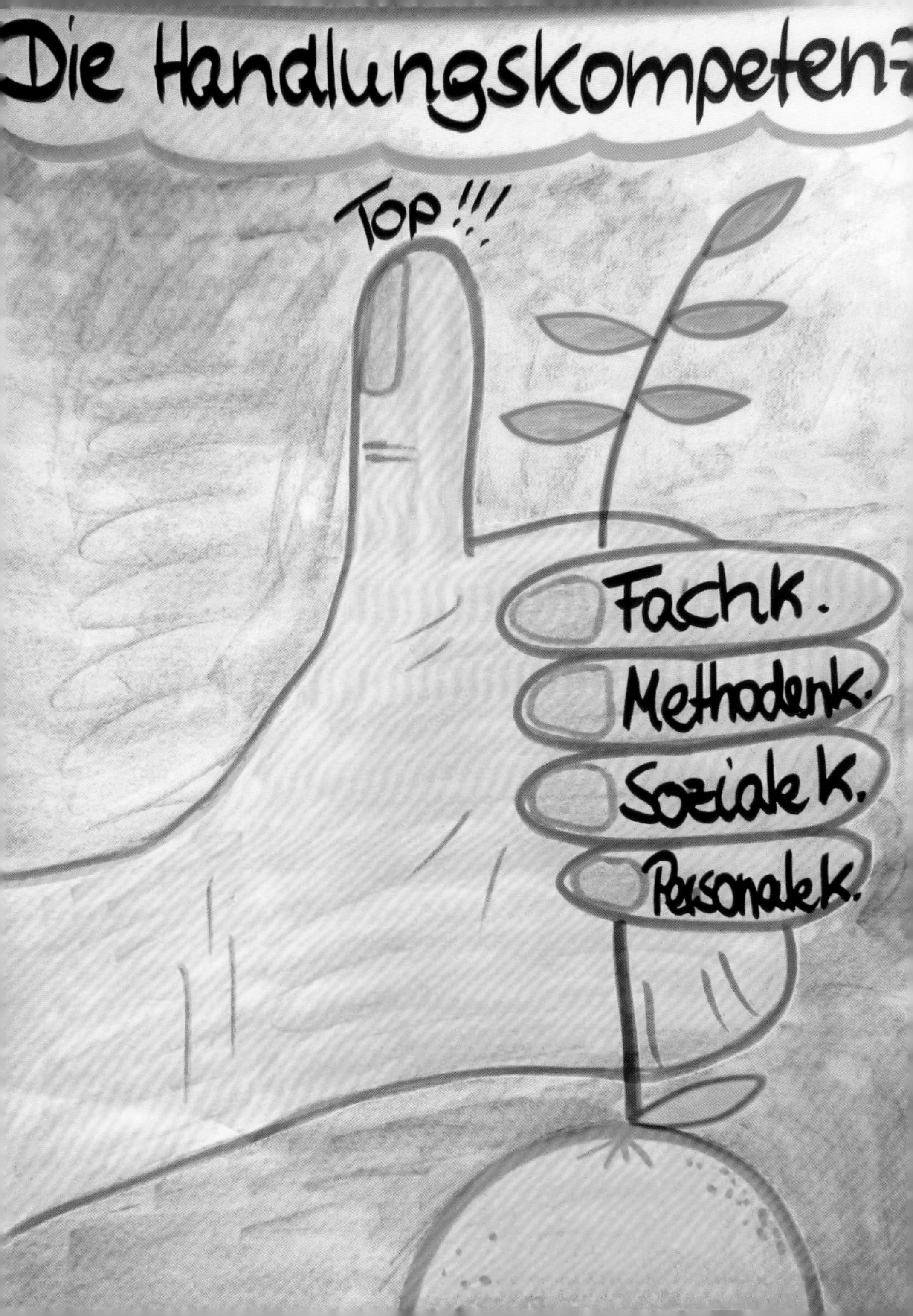
Die Handlungskompeten
Top!!!
Fachk.
Methodenk.
Soziale K.
Personale K.

4.18 Strukturlegetechnik

Logische Strukturierung von Inhalten
Assoziative Verbindung von Begriffen
Zusammenfassung von Inhalten, Wiederholung
Erschließung von Themen

3-24

Ausreichend Platz für die Struktur/en	Moderationskarten, Bilder, Stifte	In Gruppen: 10-20 Min. Gemeinsam: 30 Min.

Die zentralen Begriffe, ggf. Bilder werden auf Karten geschrieben. Die Teilnehmenden werden in Zufallsgruppen eingeteilt, die Karten an die Gruppen gegeben.

Die Gruppen haben die Aufgabe, die Karten in eine Struktur zu legen, so dass erkennbar wird, wie die Begriffe inhaltlich zusammengehören.

Die gelegten Strukturen werden anschließend miteinander verglichen: jeweils zwei Gruppen erklären sich ihre Struktur oder eine Gruppe erklärt dem Plenum die gelegte Struktur.

Anschließend gemeinsame Auswertung im Plenum:
„Was lernen wir daraus?"

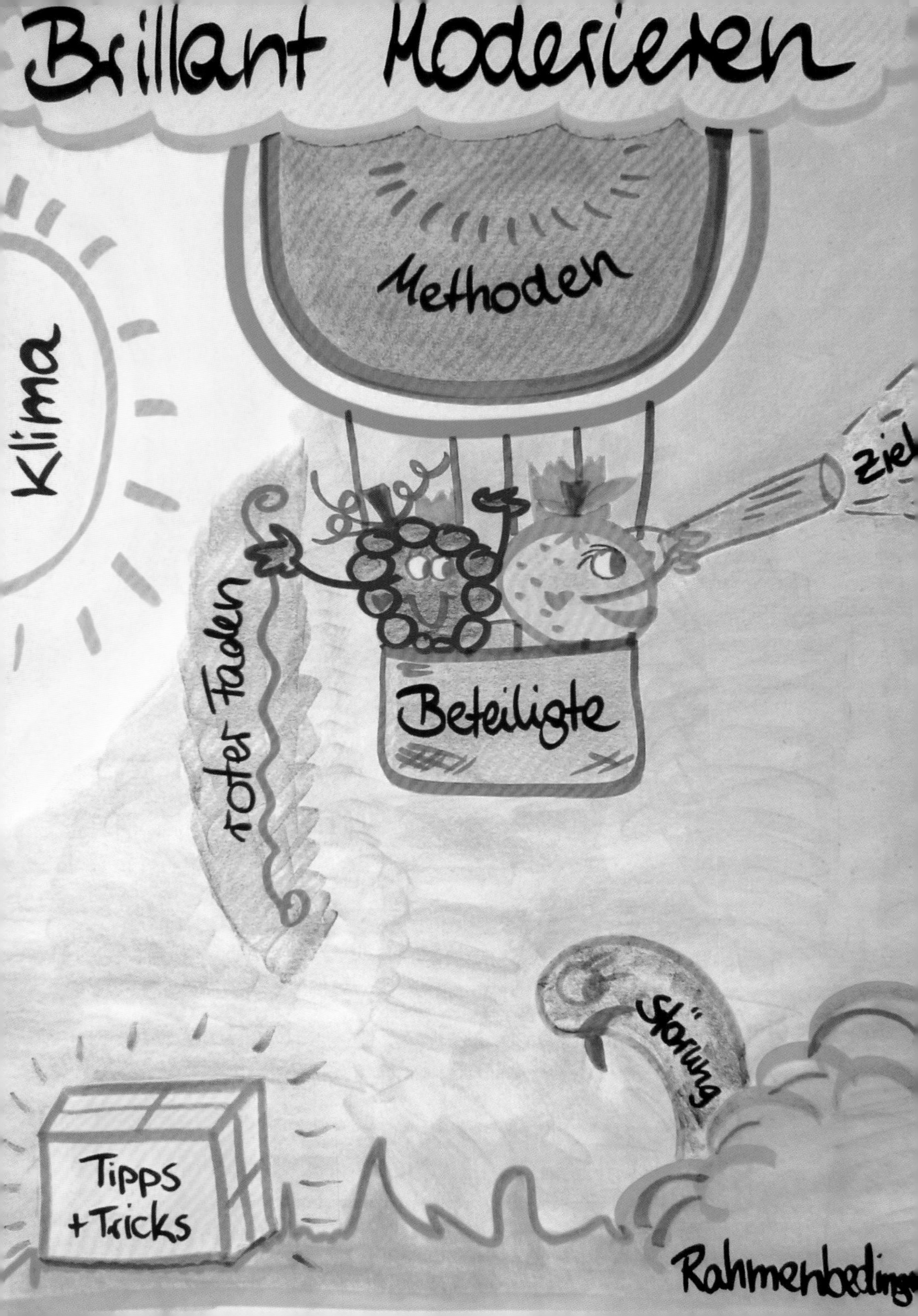
Brillant Moderieren
Methoden
Klima
Ziel
roter Faden
Beteiligte
Störung
Tipps
+ Tricks
Rahmenbedingu

4.19 Vernissage

Aufbrechen der konventionellen, eher langatmigen Ergebnispräsentationen

3-19,
auch für
Großgruppen

Ausreichend Pinnwände, Wände zum Bekleben, Wäscheleine zum Spannen

Ergebnisse auf Plakaten, Moderationswänden, Wäscheleine, Kreppband

10 Min. Rundgang
20 Min. Fragerunde

Alle Arbeitsgruppen produzieren als Ergebnis Ihrer Gruppenarbeit anschauliche Plakate und Visualisierungen.

Diese werden – nach der Gruppenarbeit – zeitgleich von allen Arbeitsgruppen auf einer Vernissage gezeigt.

Nach einem kurzen individuellen Rundgang aller Teilnehmer, schließt sich eine offene Fragerunde zu den konkreten Ergebnissen und Plakaten an.

Präsentieren …
Zuhörer
Eye-catcher
Energie
Haltung
Motivation
roter Faden

4.20 Wachsende Gruppen

Kennenlernen, Perspektivenwechsel,
Themen schrittweise erschließen,
Zusammenfassen von Ergebnissen

8-24,
auch für Großgruppen
geeignet

Gruppenräume bzw. ausreichend Platz für Gruppenarbeit

Arbeitsauftrag, Gruppeneinteilung.

2er/3er Gruppen: 15-20 Min
4er/6er Gruppen: 20-30 Min
Plenum 20-30 Min

Schritt 1:
Es werden 2er oder 3er Gruppen zu einem Arbeitsauftrag gebildet. Die Gruppen arbeiten zum Auftrag und halten ihre Ergebnisse auf einem Plakat, auf Moderationskarten fest.

Schritt 2:
Die 2er und 3er Gruppen schließen sich nun zu 4er oder 6er Gruppen zusammen, tauschen sich über die bisherigen Ergebnisse aus, bündeln nun die Ergebnisse oder arbeiten zu einem neuen Teilaspekt/Arbeitsauftrag. Auch die neuen Ergebnisse werden festgehalten.

Schritt 3:
Alle Gruppen kommen zusammen und stellen die Ergebnisse vor, anschließend erfolgt die Auswertung, Diskussion bzw. weitere gemeinsame Erarbeitung.

Die Aufteilung der Gruppen richtet sich nach der Gesamtpersonenzahl.

Methodenwerkzeugkasten
Klima
T
H
M
E
O
N
E
Stoffreduktion
Beteiligt
Lehr-/Lernziele

4.21 Zufallsgruppenbildung

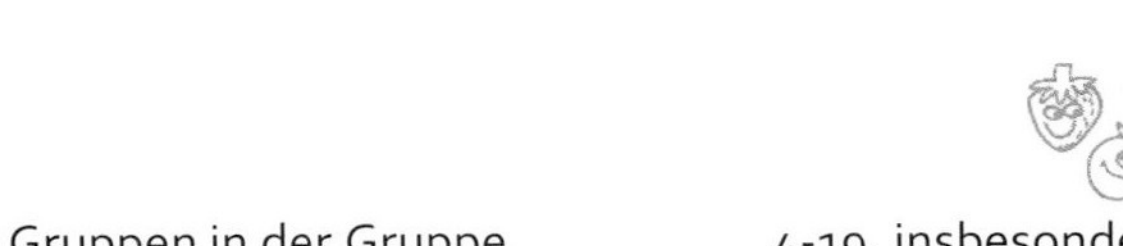

Aufbrechen starrer Gruppen in der Gruppe
Aktivierung aller Teilnehmenden

4-19, insbesondere für Großgruppen geeignet

Arbeitsauftrag vor der Gruppenbildung!

Je nach Art der Gruppenbildung

3-5 Min.

Bilden Sie die Zufallsgruppen nach:

- Abzählen
- Aufgabe unter dem Stuhl
- Aufstellen nach Augenfarbe, Größe, Schuhgröße, Familiennamen, Sternzeichen, Geburtstag usw.
- Ziehen von Bändern (nach Länge, Farbe usw.)
- Farbige Bonbons, Schokos, Blumen, Ballons usw.
- Interessengruppen
- Kleber am Namensschild, nach Klebermotiv sortieren
- Nachbarschaftsgruppen
- Fotos, Postkarten, gleiche Bilder
- Puzzle
- Schlagworte auf Losen
- Schneebälle (Arbeitsaufträge „zerknäulen" und als Bälle werfen)
- Sprichwörter, Mottos auf Stühlen
- Wachsende Gruppen
- Wahlgruppen, die Protagonisten der Gruppe wählen ihre Wunschpartner

Mehr davon? Weitere Möglichkeiten auf unserer Internetseite splendid-akademie.de/schatz

Im Team arbeiten

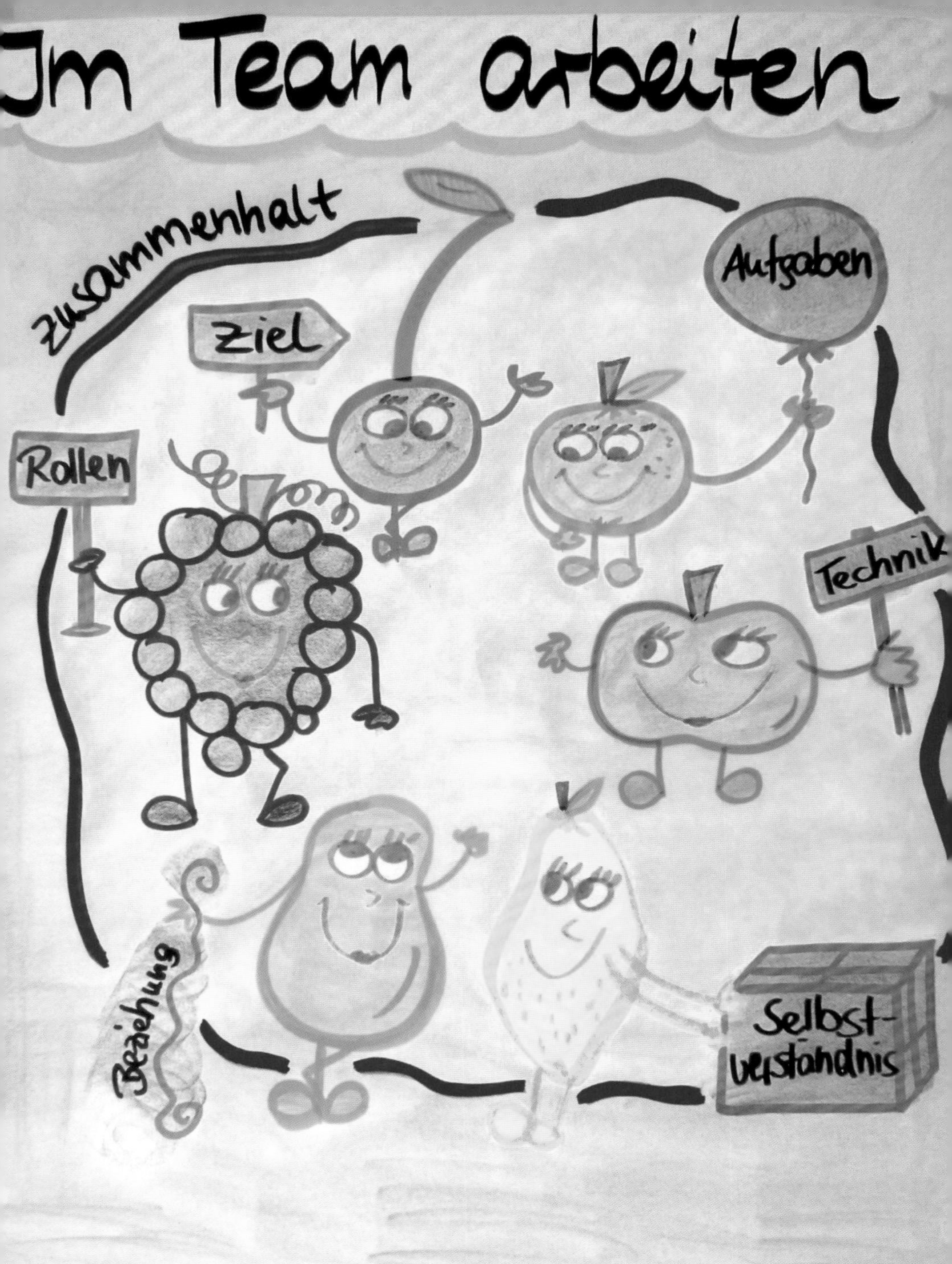

4. 22 Zurufabfrage/Fragespeicher

Schnelles Sammeln von Ideen, Gedanken u.ä. der Teilnehmer
Zum Start in ein neues Thema
Weiderholung, Zusammenfassung

3-19

Idealerweise: Teilnehmer sitzen im offenen „U“	Flipchart, Stifte	10 Min.

Eine konkrete Frage mit Themenbezug wird ans Flipchart geschrieben.

Die Teilnehmer „murmeln“ mit ihrem Nachbarn. Anschließend rufen sie ihre Gedanken in die Runde. Alternativ kann pro Murmelgruppe der Reihe nach eine Idee, ein Gedanken in die Runde gegeben werden.

Sie schreiben die Ideen, Gedanken, Fragen schlagwortartig mit.

So entsteht ein Frage-/Themenspeicher, der im Laufe des Seminars/Workshops bearbeitet wird oder ggf. anschließend durch Sie oder die Teilnehmer „mitgenommen“ und geklärt wird.

„Ist es auch
Wahnsinn,
so hat es doch
Methode."

[Shakespeare]

5. Zum Weiterlesen

Dürrschmidt, P. (u.a.): Methodensammlung für Trainerinnen und Trainer. 7.Aufl. Frankfurt 2011.

Flechsig, K.-H.: Kleines Handbuch didaktischer Modelle. Eichenzell 1996.

Jank,W./Meyer,H.: Didaktische Modelle. 10.Aufl. Frankfurt/Main 2002.

Klein, Z.M.: Seminarmethoden: 100 kreative Methoden für erfolgreiche Seminare. 3.Aufl. Offenbach 2003.

Knoll, J.: Kurs- und Seminarmethoden. Weinheim 2007.

König. S.: Warming-Up in Seminar und Training: Übungen und Projekte zur Unterstützung von Lernprozessen. 3.Aufl. Weinheim 2007.

Müller, K.R. (Hrsg.): Kurs- und Seminargestaltung. 6.Aufl. Weinheim 1995.

Peterßen, W.H.: Kleines Methoden-Lexikon. 2. Aufl. München 2008.

Rabenstein, R./Reichel, R./Thanhoffer, M.: Das Methoden-Set. Band 1-5. 12. Aufl. Wien 2004.

Ritter-Mamczek, B./Lederer, A.: splendid Bildvergnügen. Berlin 2009.

Ritter-Mamczek, B./Lederer, A.: splendid Räder – Vergnügt Struktur geben. Berlin 2010.

Ritter-Mamczek, B.: Stoff reduzieren. Leverkusen 2011.

Seifert, J.W./Göbel, H.-P.: Games – Spiele für Moderatoren und Gruppenleiter. 4.Aufl. Offenbach 2004.

Wallenwein, G. F.: Spiele: Der Punkt auf dem i. Kreative Übungen zum Lernen mit Spaß. 6. Aufl. Weinheim 2011.

Weber, H.: Arbeitskatalog der Übungen und Spiele. 7.Aufl. Hamburg 2008.

Weidenmann, B.: Active Training: Die besten Methoden für lebendige Seminare. 2. Aufl. Weinheim 2008.

Weitere Literatur finden Sie auch auf unserer Internetseite unter splendid-akademie.de/schatz

„Wir machen
uns die Welt,
wie sie uns
gefällt."

[P. Langstrumpf]

splendid-akademie

Für Menschen, die vor Menschen stehen.

Frisch, frech, fruchtig?– die Autorinnen

Langjährige Erfahrungen in Aus- und Weiterbildung, Training, Team- und Projektarbeit sind für uns, Dr. Bettina Ritter-Mamczek und Andrea Lederer M.A., die Geschäftsführerinnen der splendid-akademie in Berlin, die Basis für visionäres und vergnügtes Arbeiten.

Unsere vielfältigen Erfahrungen mit Gruppen, Teams und Einzelpersonen fließen als Erfahrungsschatz in das Konzept der splendid-akademie. Dadurch ist das zugrunde liegende Methoden- und Medienrepertoire über Jahre hinweg praxiserprobt, reflektiert und kontinuierlich weiterentwickelt. Die Basis für unsere Tätigkeiten als Trainerin, Moderatorin, Projektleiterin und Coach/Beraterin bilden bei Bettina Ritter-Mamczek das Studium der Kommunikationswissenschaft mit dem Schwerpunkt Organisation und Didaktik der Weiterbildung, Politik und Philosophie, bei Andrea Lederer das Studium der Kommunikationswissenschaft mit dem Schwerpunkt Organisation und Didaktik der Weiterbildung und Informatik.

www.splendid-akademie.de

Bettina Ritter-Mamczek | Andrea Lederer

22 brillante Methoden

Mehr Vergnügen fruchtig verpackt

Bibliografische Informationen der Deutschen Bibliothek.
Die Deutsche Bibliothek verzeichnet diese Publikation in der Deutschen Nationalbibliografie.
Detaillierte bibliografische Daten sind im Internet über
www.d-nb.de abrufbar.

ISBN: 978-3-00-039100-2

1. Auflage Berlin 2012

www.splendid-akademie.de

€ 25

„Beginnen wir mit dem Unmöglichen"

[J. Derrida]

„Es gibt
nichts Neues
unter der Sonne,
aber es gibt viel
Altes, was wir
nicht kennen."
[A.G.Bierce]

Auch hier alles im Blick?

"Wer
A sagt,
der muß
nicht
B sagen."
[B. Brecht]

1. Stück für Stück – der rote Faden

„Wer „A" sagt muss nicht „B" sagen."
(Berthold Brecht)

Erinnern Sie sich an den „anderen" Teil des Buches?
Hier lernten Sie die Apfelsine kennen...

Von folgenden Phasen können wir in Veranstaltungen ausgehen.
Berücksichtigen Sie diese in Ihren Veranstaltungen:

A	Alles auf grün: Die Einladung
P	Persönliches: Das Kennen lernen und Warming Up
F	Feuer entfachen: Die Motivation
E	Erkenntnisse fördern: Die Stoffvermittlung
L	Luft holen: Die Pause
S	Stoff anwenden: Die Stoffverarbeitung
I	In der Praxis: Der Transfer
N	Noch einmal: Die Wiederholung
E	Evaluation: Das Feedback

Gestalten Sie jede dieser Phasen bewusst und aktiv, in dem Sie die für sich passenden Früchtchen, d.h. Methoden, einsetzen.

Die Apfelsine

Einstieg
Alles auf grün
Persönliches
Feuer entfachen

Arbeitsphasen
Erkenntnisse
Luft holen
Stoff anwenden

Abschluss
Ich laufe los
Nochmal
Evaluation

Vergessen Sie dabei nicht, auch ein Motto, eine visualisierte Agenda, eine Fachlandkarte (vgl. Ritter-Mamczek, B.: Stoff reduzieren, Leverkusen. 2011) einzusetzen. Dies hilft Ihnen, Ihren splendid Faden durch alle Veranstaltungsphasen zu halten und in sich schlüssig zu spannen.

Und haben Sie es schon gemerkt?
Die Apfelsine hilft Ihnen auch im Kleinen eine Methode einzuführen, durchzuführen und auszuwerten. Viel Freude dabei!

Was die Apfelsine noch kann?
Sie hilft Ihnen auch, sich im vorliegenden Buch zu orientieren. Sie können das Buch von „hinten" und von „vorne" lesen:

- Beim Lesen von „Hinten" finden Sie alle Methoden passgenau und phasenbezogen dargestellt.
- Beim Lesen von „vorne" bekommen Sie alle Methoden im Überblick.

Wir laden Sie ein zum Ausprobieren!
Viel Freude!

„Wir Menschen
sind alle Würmchen,
und ich fühle mich
wie ein Glüh-
würmchen.“

[W. Churchill]

2. Die Methoden nach Phasen

„Wir Menschen sind alle Würmchen,
und ich fühle mich wie ein Glühwürmchen"
(W. Churchill)

Im Folgenden finden Sie unsere 22 brillanten Methoden passgenau und phasenbezogen beschrieben.

Jede Beschreibung beinhaltet die drei Phasen:

Einstieg mit

- Einladung
- Warming-up
- Motivation

d.h. ein Ankommen im Thema und als Mensch in der Gruppe.

Arbeitsphase mit

- Stoffvermittlung
- Pause
- Stoffverarbeitung

d.h. der Kern der Veranstaltung, das, wofür man meistens zusammenkommt.

Abschluss mit

- Transfer
- Wiederholung
- Feedback

d.h. das, was meistens „vergessen" wird, für die Nachhaltigkeit und den Erfolg der Veranstaltung von besonderer Bedeutung ist.

Führen & leiten

Ziel

Rolle

Motiv

Method

T E A M

Kommunikation

„Alles ist abhängig von der Intuition."

[A. Einstein]

2.1 Domino

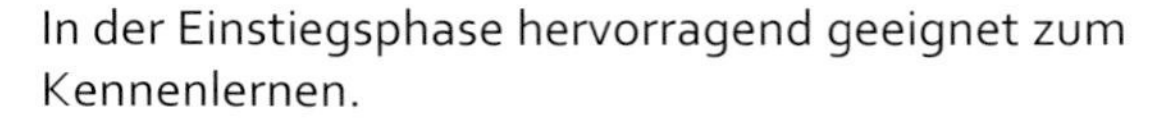

In der Einstiegsphase hervorragend geeignet zum Kennenlernen.

Jeder Teilnehmer bekommt 3 Dominosteine und beschriftet diese – in der einen Hälfte mit einer Frage an die anderen Teilnehmer und auf der anderen Seite mit dem eigenen Namen.

Sie als Trainer sammeln alle Dominosteine ein, mischen Sie diese und legen Sie diese dann verdeckt auf einen Stapel.

Mit dem Aufdecken des ersten Steins wird begonnen. Der Teilnehmer, dessen Name drauf steht, beginnt, und stellt seine Frage an den Teilnehmer, der auf dem nächsten aufgedeckten Dominostein steht, die Kette beginnt.

Das Ganze kann prima an der Pinwand oder auf dem Fußboden visualisiert werden.

Hier kann es zur Stoffvertiefung und Verarbeitung eingesetzt werden.

Nach einem Vortrag/einer Präsentation reflektieren die Teilnehmer in Murmelgruppen die Inhalte und entwickeln je 3 Dominosteine (also 6 Begriffe). Sie, als Trainer, sammeln ein, mischen und verteilen willkürlich jeweils 3 Dominosteine an die Murmelgruppen.

Im Anschluss darf jede Murmelgruppe alles an den vorhergehenden Stein anlegen, wenn verbal eine Brücke geschlagen werden kann. Bei gleichen Begriffen sollte dieser erklärt werden.

Domino – Fortsetzung

Hier kann das Domino zur Transfersicherung eingesetzt werden. Alle Teilnehmer entwickeln einzeln, oder in Paaren jeweils 3 Dominosteine, entweder mit nächsten Transferschritten oder mit Hindernissen beim Transfer in die Praxis.

Sie als Trainer sammeln die Dominosteine ein, mischen und verteilen entsprechend viele Steine an die Teilnehmer.

Es darf alles angelegt werden, wenn Teilnehmer verbal eine Brücke schlagen und den Transfer herstellen können.

2.2 Fragen auf Antworten

Zum Kennenlernen schreiben Teilnehmer 3-4 markante Aspekte zum Vorstellen ihrer eigenen Person auf Moderationskarten. Sie können diese Aspekte wahlweise vorgeben, z.B.:

1. Seit wann im Unternehmen?
2. Geboren in ...?
3. Von der Ausbildung her?

Sie als Trainer sammeln im Anschluss die Karten ein und mischen diese. Jeder Teilnehmer bekommt 3-4 Karten zurück.

Wenn alle Karten verteilt sind, macht sich jeder auf die Suche nach den „passenden" Personen, und stellt Fragen. Dadurch muss jeder jeden ansprechen und Ihre Teilnehmer kommen ins Gespräch.

In Paaren verarbeiten Teilnehmer nach einem Input das Gehörte, in dem sie die zentralen Erkenntnisse auf Moderationskarten notieren. Pro Paar bieten sich 3-5 Moderationskarten an.

Diese werden von Ihnen eingesammelt, gemischt und an der Pinwand verdeckt angepinnt.

Nun teilen Sie die Gesamtgruppe in 2 Gruppen, die gegeneinander spielen, und eine Jury.

Nacheinander werden die Karten aufgedeckt und die beiden Teams haben die Aufgabe, blitzschnell die passende Frage zu nennen. Die Jury entscheidet über „richtig" oder „weniger richtig".

Fragen auf Antworten – Fortsetzung

Sie wiederholen und sensibilisieren Ihre Teilnehmer für die wesentlichen Erkenntnisse aus der Veranstaltung bzw. ggf. für eine Prüfungsvorbereitung.

Wie das gehen kann?

In Gruppen (3-4 Teilnehmer) formulieren die Teilnehmer Antworten auf fiktive Transfer- bzw. Prüfungsfragen. Diese halten Sie auf Moderationskarten fest. Sie sammeln ein, mischen und verteilen diese an die Gruppen.

Jede Gruppe hat nun 5-7 Minuten Zeit, die passende Transfer-/Prüfungsfrage zu den bekannten Antworten zu formulieren.

2.3 Fünf Personen

Zum Kennenlernen in einer Gruppe. Teilnehmer stellen sich vor, in dem sie aus den Perspektiven der 5 Personen reden.

z.B.

- Der 10jährige Nachbarsjunge sagt über mich...
- Die Frau an der Kasse von meinem Supermarkt sagt über mich...
- Mein Lieblingskollegin/-kollege sagt über mich...
- Mein „Gegenspieler" in der Firma/Institution sagt über mich...
- Die Bundeskanzlerin sagt über mich...

Je nach Thema können die 5 Personen auch für die Erwartungsabfrage dienen:

z.B. „Was würden die 5 Personen sagen, was Sie hier lernen sollen?"

Zur Stoffvermittlung können die 5 Personen ebenfalls dienen. Unter dem Fokus: „Was würde diese 5 Menschen an dem Thema interessieren und welche Fragen würden sie stellen?"

Zur Wiederholung und Transfersicherung z.B. zu der Frage:

„Was würden Sie den 5 Personen berichten, was Sie hier gelernt haben und was Sie umsetzen wollen?"

„Glücklich und groß, der weder zu herrschen noch zu gehorchen braucht, um etwas zu sein."

[J.W. v. Goethe]

2.4 Hitliste

Metaphorische Übung als Einstimmung ins Thema/in die Veranstaltung, z.B. mit folgender Fragestellung:

„Durch welche Tür sind Sie auf Ihrem Weg hierher gegangen?"

Sie halten eine Liste mit den unterschiedlichsten Türen bereit. Nacheinander stellen sich die Teilnehmer mit „ihrer" Tür in der gesamten Gruppe vor.

Als Assoziation zum Thema und zum Anknüpfen an bekanntes Vorwissen z.B. mit folgender Fragestellung:

„Wenn Sie an unser Thema „X" denken, welches Fortbewegungsmittel fällt Ihnen dazu ein? In welchem Tempo entwickelt sich unser Thema in den letzten Jahren bzw. bzgl. Ihrer Erfahrung?"

Sie halten eine Liste mit den unterschiedlichsten Fortbewegungsmitteln bereit.

Nacheinander stellen sich die Teilnehmer mit „ihrem" Fortbewegungsmittel in der gesamten Gruppe vor.

Alternativ: Teilnehmer sortieren sich entsprechend z.B. des Tempos der Fortbewegungsmittel und tauschen sich bzgl. ihrer (gemeinsamen) Erfahrungen aus.

Hitliste – Fortsetzung

Metaphorische Übung als Einstimmung zum Feedback, z.B. mit folgendem Auftrag:

„Welche dieser verschiedenen Obstsorten löst bei Ihnen passende Assoziationen zum Thema, unserer gemeinsamen Zeit, der Gruppe, Ihrer Trainerin, den Rahmenbedingungen aus?

Schauen Sie bitte die Liste an und suchen Sie eine oder mehrere Varianten aus.

(Oder lassen Sie sich zu noch weiteren inspirieren...)

Nachdem Sie Ihr Obst / Gemüse gefunden haben, machen wir ein Blitzlicht, in dem sich jeder mit seiner Assoziation vorstellt und sein Feedback erläutert."

Sie, als Trainer, halten eine Liste mit den unterschiedlichsten Obstsorten bereit (siehe erster Teil, S. 39)

2.5 Ideenlauf

Zum Abfragen der Erfahrungen und Erwartungen.

Mögliche Fragen, die Sie in den Ecken des Raumes, bzw. an den Wänden platzieren:

- „Was läuft gut zum Seminarthema?“
- „Was könnte besser laufen bzgl. des Seminarthemas?“
- „Was interessiert Sie besonders am Seminar?“
- „Wozu können Sie beitragen?“
- „Was muss passieren damit dieses Seminar „die Hölle“ wird?“

Die Teilnehmer wandern durch den Raum und stoppen bei den Plakaten, wo sie viel zu sagen haben.

Im Anschluss bilden Ihre Teilnehmer 5 Zufallsgruppen und fassen die Plakate – mit Fokus auf die 3-4 Hauptaspekte – zur Präsentation im Plenum zusammen.

Zum Ideensammeln in Bezug auf das Fachthema.

Mögliche Fragen, die Sie in den Ecken des Raumes, bzw. an den Wänden platzieren:

- „An was erinnert Sie das bisher Gehörte?“
- „Welche Aspekte sind in der Diskussion bislang zu kurz gekommen?“
- „Was war für Sie bislang inhaltlich ein besonderes Highlight und sollte vertieft werden?“
- „Was bedeuten die Erkenntnisse und Inhalte in Übertragung für das Thema „X“?“

Ideenlauf – Fortsetzung

Die Teilnehmer wandern durch den Raum und stoppen bei den Plakaten, wo sie viel zu sagen haben.

Im Anschluss bilden Ihre Teilnehmer 4 Zufallsgruppen und fassen die Plakate – mit Fokus auf die 3-4 Hauptaspekte – zur Präsentation im Plenum zusammen.

Zur Transfersicherung am Ende einer Veranstaltung.

Mögliche Fragen, die Sie in den Ecken des Raumes, bzw. an den Wänden platzieren:

- „Was wollen Sie konkret umsetzen in Ihrer Praxis?"
- „Welche Hindernisse sehen Sie bei der Umsetzung in Ihrer Praxis?"
- „Was sind Ihre ersten Schritte innerhalb der nächsten 72 Stunden?"
- „Wer oder was kann beim Transfer in der Praxis eine sinnvolle Unterstützung sein?"

Die Teilnehmer wandern durch den Raum und stoppen bei den Plakaten, wo sie viel zu sagen haben.

Im Anschluss bilden Ihre Teilnehmer 4 Zufallsgruppen und fassen die Plakate – mit Fokus auf die 3-4 Hauptaspekte – zur Präsentation im Plenum zusammen.

„Denken
hilft zwar,
nützt aber
nicht viel."

D. Aixely

Lehren & Lernen

Reflektion

Problem-
lösung

Lehr-
hospitation

Kollegiale
Beratung

Ideen-
findung

Lehren

Lehr-/Lernverständnis

2.6 Ins Netz gegangen/Koffer packen

Zum Abfragen der Erwartungen.

Malen Sie „Ihre" Metapher (Baum, Schatzkiste, Netz, Baum) auf ein Plakat (Flipchart oder Pinwand).

Fragen Sie Ihre Teilnehmer, welche konkreten Fragen und Wünsche sie ans Seminar haben, und welche Aspekte aus ihrer Sicht behandelt werden sollten. Lassen Sie Ihre Teilnehmer ihre Fragen und Wünsche auf Moderationskarten visualisieren.

Bsp. Für mögliche Plakattitel:

- „Diese Früchte wollen wir ernten"
- „Diesen Schatz wollen wir heben"
- „Das wollen wir fischen"
- „Das wollen wir mitnehmen"

Begleitend zur Stoffvermittlung und -verarbeitung werden nach jeder Phase Erkenntnisse und wesentliche Aspekte visualisiert und verschriftlicht, z.B.

- „Am Erkenntnisbaum"
- „Im Schatz der Erkenntnisse"
- „Im Netz der Erkenntnisse"
- „Unser Koffer der Erkenntnisse"

Ins Netz gegangen/Koffer packen – Fortsetzung

Zur Wiederholung und Transfersicherung werden wesentliche Transferschritte und Erkenntnisse visualisiert und verschriftlicht, z.B.

- „Am Erntebaum"
- „Im Praxisschatz"
- „Ins Netz gegangen"
- „Eingepackt ..."

2.7 Kopfstand

Zur Vereinbarung von Seminarspielregeln stellen Sie die Kopfstandfrage: „Was können wir konkret tun, damit diese Veranstaltung gegen die Wand fährt?".

Lassen Sie Ihre Teilnehmer 2-3 Minuten murmeln und sammeln Sie im Anschluss die genannten Aspekte auf Zuruf am Flipchart.

Zur Auswertung wenden Sie das Blatt zu der Frage: „Was können wir gemeinsam tun bzw. vereinbaren, dass unser Seminar erfolgreich verläuft?"

Halten Sie auch diese Aspekte auf Zuruf am Flipchart fest.

Zur Vergegenwärtigung von Randthemen und zum Fördern des vernetzten Denkens stellen Sie die Kopfstandfrage: „Welche Themen und Aspekte haben nicht mit unserem Seminarthema zu tun?".

Lassen Sie Ihre Teilnehmer 2-3 Minuten murmeln und sammeln Sie im Anschluss die genannten Aspekte auf Zuruf am Flipchart.

Zur Auswertung wenden Sie die Frage: „Welche Themen sind Nachbarthemen und -aspekte, die mit dem Seminarthema zu tun haben?"

Halten Sie auch diese Aspekte auf Zuruf am Flipchart fest.

Kopfstand – Fortsetzung

Zur Transfersicherung und Vorbereitung auf die nächsten konkreten Schritte in der Praxis stellen Sie die Kopfstandfrage: „Was können Sie konkret tun, damit Sie nach unserer Veranstaltung nichts in der Praxis umsetzen?".

Lassen Sie Ihre Teilnehmer 2-3 Minuten murmeln und sammeln Sie im Anschluss die genannten Aspekte auf Zuruf am Flipchart.

Zur Auswertung wenden Sie die Frage: „Was können Sie tun, damit Ihnen in der Praxis der Transfer und die Umsetzung Ihres Vorhabens gelingt?"

Halten Sie diese Aspekte auf Zuruf am Flipchart fest. Lassen Sie Ihre Teilnehmer im Anschluss einen Vertrag mit sich selbst schreiben, eine Art Selbstverpflichtung.

Projektmanagement

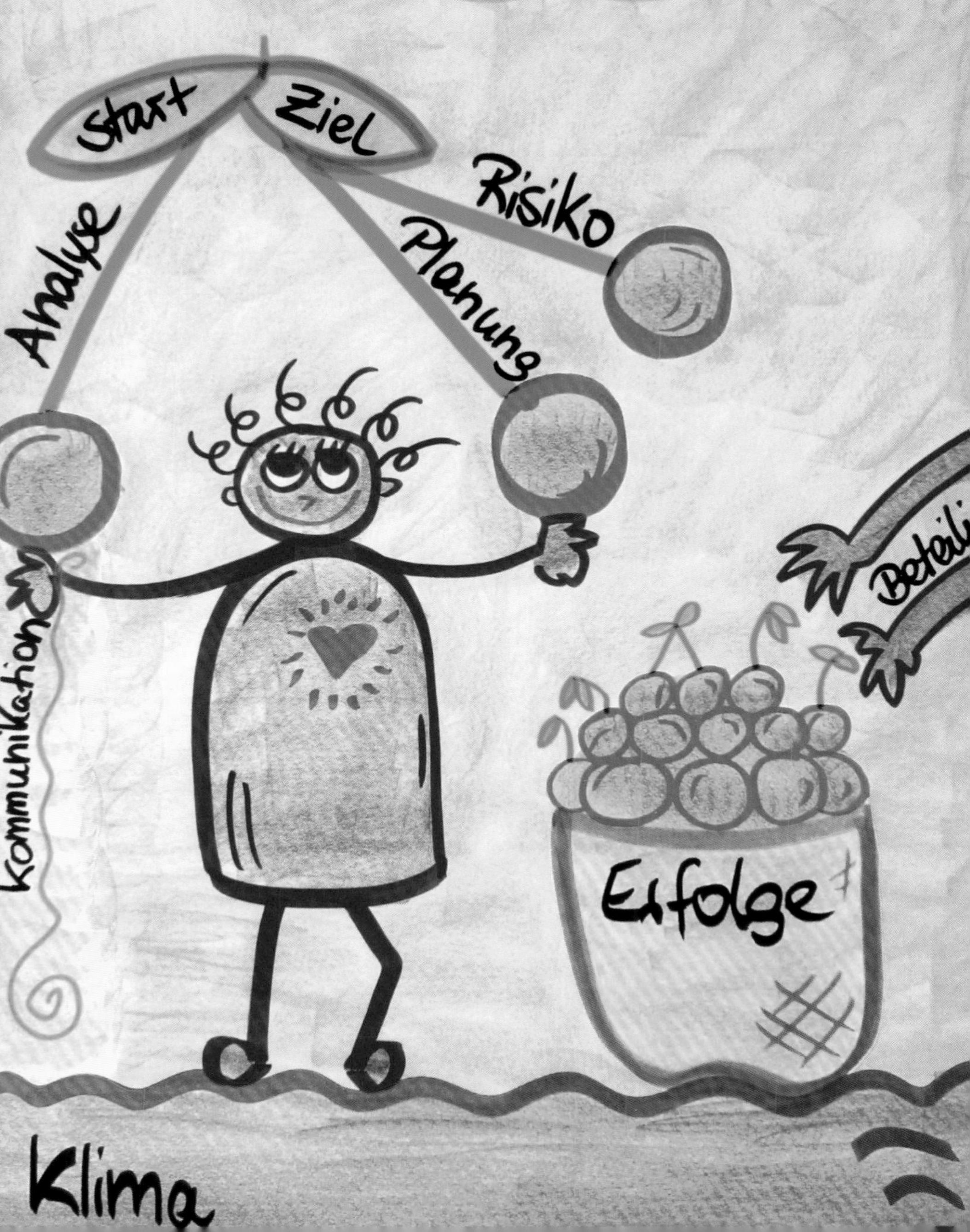

„Kann der
Kopf nicht weiter
bearbeitet werden,
dann immer
noch die
Mütze."
[E. Jandl]

2.8 Kugellager

Zum Kennenlernen der Teilnehmer untereinander und zur Erfahrungsabfrage stehen sich alle Teilnehmer in einem Innen- und einem Außenkreis gegenüber.

Sie bringen von außen die Fragen ein, wenn eine Frage beantwortet ist (nach 2-3 Minuten), wandert der Innenkreis im Uhrzeigersinn 3 Plätze weiter, alle haben ein neues Gegenüber und die zweite Frage kann kommen, usw. folgende Fragen sind möglich:

- „Welche Erfahrungen haben Sie mit dem Thema?"
- „Woher kommen Sie heute Morgen?"
- „Was ist Ihre schönste Erfahrung mit dem Thema?"
- „Wann war Ihre letzte Weiterbildung (zu diesem Thema)?"

Zum Verarbeiten der vermittelten Inhalte stehen sich alle Teilnehmer in einem Innen- und einem Außenkreis gegenüber.

Sie bringen von außen die Fragen ein, wenn eine Frage beantwortet ist (nach 2 – 3 Minuten), wandert der Innenkreis im Uhrzeigersinn 3 Plätze weiter, alle haben ein neues Gegenüber und die zweite Frage kann kommen, usw. folgende Fragen sind möglich:

- „Welche Aspekte sind Ihnen besonders wichtig?"
- „In welchem Kontext könnten Ihnen die gehörten Inhalte helfen?"
- „An was erinnert Sie das Präsentierte?"
- „Welche Auswirkungen haben die präsentierten Inhalte auf Ihre Praxis?"

Kugellager – Fortsetzung

Zur Transfersicherung stehen sich alle Teilnehmer in einem Innen- und einem Außenkreis gegenüber.

Sie bringen von außen die Fragen ein, wenn eine Frage beantwortet ist (nach 2-3 Minuten), wandert der Innenkreis gegen den Uhrzeigersinn 2 Plätze weiter, alle haben ein neues Gegenüber und die zweite Frage kann kommen, usw. folgende Fragen sind möglich:

- „Was sind Ihre ersten Umsetzungsschritte in der Praxis?"
- „Was steht einer Umsetzung konkret im Weg?"
- „Wem werden Sie in der Praxis vom Gelernten berichten?

2.9 Lebendige Statistik

Zum Kennenlernen und zur Erfahrungsabfrage machen Sie die lebendige Statistik mit Ihren Teilnehmern wie folgt:

Alle Teilnehmer sortieren sich im Raum z.B. nach

- „Herkunft-Himmelsrichtungen entsprechend der Anreise"
- „Erfahrungen in Jahren mit dem Seminarthema"
- „Firmenzugehörigkeit"
- „Länge des kleinen Fingers"

Zum Reflektieren der Lerninhalte machen Sie die lebendige Statistik mit Ihren Teilnehmern, indem sich alle Teilnehmer im Raum nach sortieren z.B. nach:

- „Wie viel Prozent des Gehörten kannten Sie schon?"
- „Wie bewerten Sie das Präsentierte in wichtig und unwichtig?"
- „Wie viele Fragen sind noch offen?"

Zur Transfersicherung machen Sie die lebendige Statistik mit Ihren Teilnehmern. Alle Teilnehmer sortieren sich im Raum z.B. nach

- „Mit wie vielen Personen tauschen Sie sich über Ihre Transferschritte aus?"
- „In welchen zeitlichen Phasen werden Sie den Transfer umsetzen?"

2.10 Murmeln

Als Motivation zum Sammeln der Erwartungen und Seminarwünsche oder als Eisbrecher und Öffner in ruhigen Gruppen lassen Sie Ihre Teilnehmer murmeln, d.h., in Nachbarschaftsgruppen zu einer Leitfrage informell reden.

Im Anschluss sammeln Sie beispielsweise die Erwartungen auf Zuruf am Flipchart.

Als Motivation zum Sammeln von offenen Fragen oder als Eisbrecher und Öffner in Diskussionen zum Thema lassen Sie Ihre Teilnehmer murmeln, d.h., in Nachbarschaftsgruppen zu einer Leitfrage informell reden.

Im Anschluss sammeln Sie beispielsweise die offenen Fragen auf Zuruf am Flipchart.

Als ersten Schritt in der Transfersicherung, zum Sammeln der nächsten Schritte oder als Eisbrecher und Öffner für den Maßnahmenplan lassen Sie Ihre Teilnehmer murmeln, d.h., in Nachbarschaftsgruppen zu einer Leitfrage informell reden.

Im Anschluss sammeln Sie beispielsweise die offenen Fragen auf Zuruf am Flipchart.

2.11 Netz der Gemeinsamkeiten

Zum Kennenlernen lassen Sie Ihre Teilnehmer das Netz der Gemeinsamkeiten gestalten, in dem Sie ein Speed-Dating organisieren.

Die Teilnehmer haben die Aufgabe, so viele Gemeinsamkeiten wie möglich mit anderen Teilnehmern zu finden und diese im Netz der Gemeinsamkeiten zu visualisieren.

Im Anschluss wird der Visualisierungskönig gekürt und die „Kontaktpersonen" mit ihren Gemeinsamkeiten präsentiert.

Zum Stoff verarbeiten lassen Sie Ihre Teilnehmer das Netz des Lernens gestalten, in dem Sie ein Speed-Dating organisieren.

Die Teilnehmer haben die Aufgabe, so viele „Learnings" wie möglich mit anderen Teilnehmern zu finden, zu teilen und diese im Netz der Gemeinsamkeiten zu visualisieren.

Im Anschluss wird der Lernkönig gekürt und die „Kontaktpersonen" mit ihren Gemeinsamkeiten präsentiert.

Zum Start in die Transfersicherung lassen Sie Ihre Teilnehmer das Transfernetz gestalten, in dem Sie ein Speed-Dating organisieren.

Die Teilnehmer haben die Aufgabe, so viele gemeinsame Transferschritte wie möglich mit anderen Teilnehmern zu finden und diese im Transfernetz zu visualisieren.

Im Anschluss wird der Transferkönig gekürt und die „Kontaktpersonen" mit ihren Gemeinsamkeiten präsentiert.

[K. Valentin]

„Jedes Ding hat
3 Seiten: eine positive,
eine negative
und eine
komische."

2.12 Platzdeckchen

Zum Kennenlernen gestalten Teilnehmer in 4er Gruppen ein Platzdeckchen.

Im ersten Schritt visualisiert jeder in seinem Feld sich selbst und seine Erfahrungen.

Im zweiten Schritt stellen sich die Teilnehmer in der Kleingruppe vor und visualisieren ihre Gemeinsamkeiten im gemeinsamen Feld in der Mitte.

Im dritten Schritt präsentieren die Teilnehmergruppen ihr Platzdeckchen der Gesamtgruppe bzw. werden zur Platzdeckchen-Vernissage eingeladen.

Zum Anknüpfen an Erfahrungen und / oder Stoffverarbeiten gestalten Teilnehmer in 4er Gruppen ein Platzdeckchen.

Im ersten Schritt visualisiert jeder in seinem Feld seine Erfahrungen bzw. die für ihn wichtigen Erkenntnisse.

Im zweiten Schritt stellen sich die Teilnehmer in der Kleingruppe ihre individuellen Aspekte vor und visualisieren ihre Gemeinsamkeiten im gemeinsamen Feld in der Mitte.

Im dritten Schritt präsentieren die Teilnehmergruppen ihr Platzdeckchen der Gesamtgruppe bzw. werden zur Platzdeckchen-Vernissage eingeladen.

Platzdeckchen – Fortsetzung

Sie können die Platzdeckchen auch hervorragend zur Besprechung von Texten, Leitlinien verwenden.

Jeder Teilnehmer fasst im ersten Schritt seine Gedanken und Ideen zum Text, zu den Leitlinien in seinem Feld zusammen.

Im zweiten Schritt wird in der Kleingruppe diskutiert und die Ergebnisse im Feld in der Mitte visualisiert.

Im dritten Schritt werden die Ergebnisse der Gesamtgruppe präsentiert bzw. alle werden in die Platzdeckchen-Galerie eingeladen.

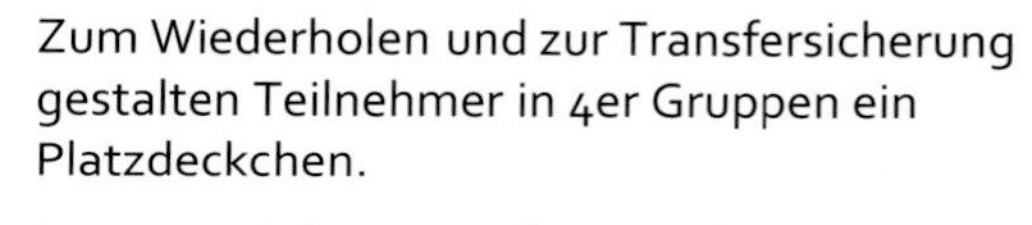

Zum Wiederholen und zur Transfersicherung gestalten Teilnehmer in 4er Gruppen ein Platzdeckchen.

Im ersten Schritt visualisiert jeder in seinem Feld seine wichtigsten „Learnings" bzw. seine ersten Transferschritte.

Im zweiten Schritt stellen sich die Teilnehmer in der Kleingruppe vor und visualisieren ihre Gemeinsamkeiten im gemeinsamen Feld in der Mitte.

Im dritten Schritt präsentieren die Teilnehmergruppen ihr Platzdeckchen der Gesamtgruppe bzw. werden in die Platzdeckchen-Galerie eingeladen.

2.13 Postkarten, Figuren, Gegenstände

Zum Kennenlernen wählt jeder Teilnehmer eine Postkarte oder eine der bereitgestellten Figuren zu einer bestimmten Fragestellung aus:

- „Wer sind Sie und was zeichnet Sie aus?"
- „Welche Erfahrungen haben Sie mit dem Thema?"

Anschließend wird dazu eine „Runde" gemacht, in der jeder seine gewählte Postkarte oder Figur im Bezug auf die Fragen erläutert.

Zum Einstieg ins Fachthema wählt jeder Teilnehmer eine Postkarte oder eine der bereitgestellten Figuren zu einer bestimmten Fragestellung aus:

- „Welche Assoziation habe ich zum Thema?"
- „An was erinnern mich die gemachten Erkenntnisse?"

Anschließend wird dazu eine „Runde" gemacht, in der jeder seine gewählte Postkarte oder Figur bezogen auf die Fragen erläutert.

Zur Wiederholung – auch zum Feedback hervorragend geeignet – wählt jeder Teilnehmer eine Postkarte oder eine der bereitgestellten Figuren zu einer bestimmten Fragestellung aus:

- „Was ist für Sie heute die wichtigste Erkenntnis?"
- „Als wer oder was gehen Sie nach unserem Tag heute hier raus?"

Anschließend wird dazu eine „Runde" gemacht, in der jeder seine gewählte Postkarte oder Figur hinsichtlich der Fragen erläutert.

2.14 Rätsel/Fehler einbauen

Irritieren Sie und motivieren Sie Ihre Teilnehmer zum genauen Hinsehen!

Bauen Sie in Ihre Agenda einen Fehler ein, schreiben Sie rückwärts oder verstecken Sie ein Rätsel.

So fangen Sie Ihre Teilnehmer ein und wecken Neugier!

Irritieren Sie und motivieren Sie Ihre Teilnehmer zum genauen Hinsehen!

Vertauschen Sie z.B. auf einem Zeitstrahl die Jahreszahlen oder verdrehen Sie die Buchstaben bei Namen... schreiben Sie vklls oder machen Sie zwischendurch ein Quiz.

So fangen Sie Ihre Teilnehmer ein und wecken Neugier!

Irritieren Sie und motivieren Sie Ihre Teilnehmer zum genauen Hinsehen in der Transfersicherung.

Erzählen Sie eine Geschichte, in der eine „Sache" falsch läuft, und fragen Sie nach: was müsste besser / anders / richtig laufen in Ihrer Praxis?

So fangen Sie Ihre Teilnehmer ein und wecken Neugier bis zum letzten Schritt!

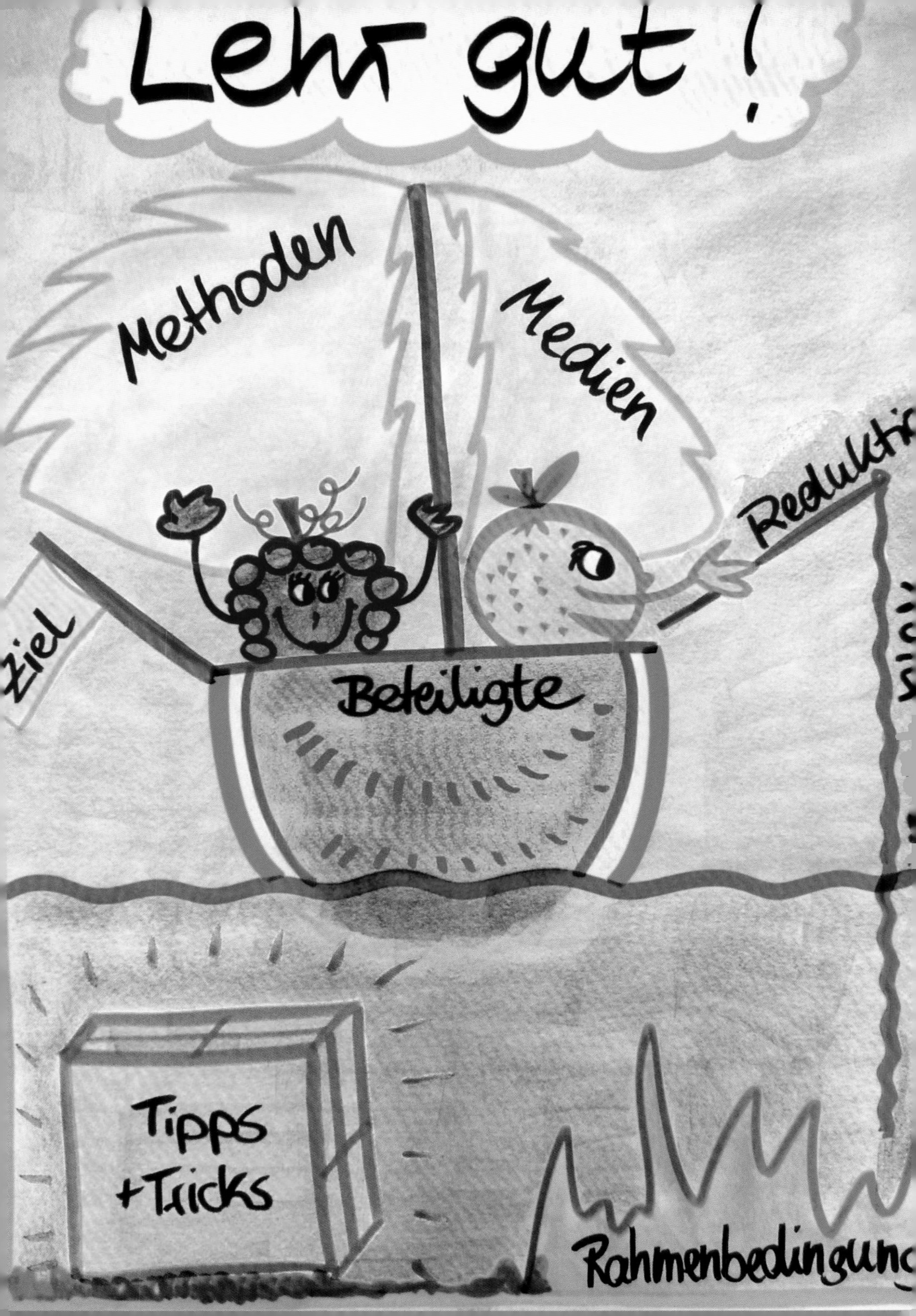

Lehr gut!

Methoden

Medien

Redukti

Ziel

Beteiligte

Tipps
+ Tricks

Rahmenbedingung

Die Aufsichtsperson als TrainerIn

T

D D E

N

E

H N O

I

M M

E E

Reduktion

Ziele

Lehr- / Lernverständnis

2.15 Schlagzeile

Zum Kennenlernen der Teilnehmer und zum Abfragen der Erwartungen.

Die Teilnehmer sind in 3-4er Gruppen zusammen und lernen sich kennen. Auf der Suche nach Gemeinsamkeiten und Unterschieden haben die Gruppen nach 10 Minuten die Aufgabe, eine (!) gemeinsame Überschrift / Schlagzeile zu ihren Erfahrungen bzw. ihren Erwartungen zu finden.

Mit dieser stellen sie sich im Anschluss in der Gesamtgruppe vor.

Zum Verarbeiten der Informationen z.B. eines Vortrags.

Die Teilnehmer sind in 3-4er Gruppen zusammen und tauschen sich zu den Lerninhalten aus.

- „Was war ihnen besonders wichtig?"
- „Was ist unwichtig?"

Auf der Suche nach Gemeinsamkeiten und Unterschieden haben die Gruppen nach 10 Minuten die Aufgabe, eine (!) gemeinsame Überschrift / Schlagzeile zu ihren Erkenntnissen bzw. ihren inhaltlichen Highlights zu finden.

Mit dieser stellen sie ihre Erkenntnisse im Anschluss in der Gesamtgruppe vor.

Schlagzeile – Fortsetzung

Zum Feedback der Veranstaltung.

Die Teilnehmer sind in 3-4er Gruppen zusammen und tauschen sich zu dem Verlauf der Veranstaltung aus.

- „Was ist aus ihrer Sicht gelungen?"
- „Was hätte anders laufen können?"

Auf der Suche nach Gemeinsamkeiten und Unterschieden haben die Gruppen nach 10 Minuten die Aufgabe, eine (!) gemeinsame Überschrift/Schlagzeile zu ihrem Feedback bzw. ihrer Seminareinschätzung zu finden.

Mit dieser stellen sie sich im Anschluss in der Gesamtgruppe vor und geben ein Feedback.

„Ich versuche nur, besser zu tanzen als ich selbst."

[M. Barischnikov]

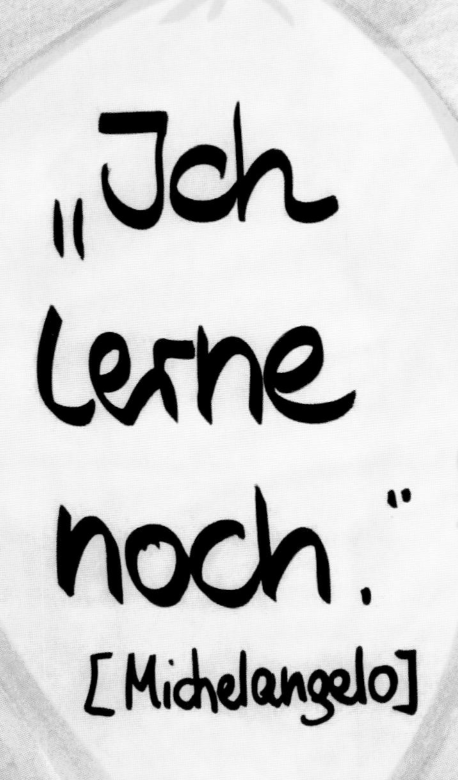
„Ich
lerne
noch."
[Michelangelo]

2.16 Scrabble

Zum Kennenlernen schreiben Teilnehmer ihren Namen senkrecht untereinander und assoziieren Worte zu ihren Buchstaben und ihrer Person.

Im Anschluss veranstalten Sie als Trainer eine Ausstellung der Scrabble-Ergebnisse in der Galerie oder zur Vorstellung im Plenum.

Zur Erwartungs- /Erfahrungsabfrage schreiben Teilnehmer das Wort Erwartungen / Erfahrungen senkrecht untereinander und assoziieren Aspekte zu ihren Erwartungen / Erfahrungen.

Im Anschluss veranstalten Sie eine Ausstellung der Scrabble in der Galerie oder zur Vorstellung im Plenum.

Zur Aktivierung des Vorwissens schreiben Teilnehmer den Fachbegriff senkrecht untereinander und assoziieren Worte zu diesem.

Im Anschluss veranstalten Sie als Trainer eine Ausstellung der Scrabble-Ergebnisse in der Galerie oder zur Vorstellung im Plenum.

Scrabble – Fortsetzung

Zur Wiederholung schreiben Teilnehmer das Wort WIEDERHOLUNG senkrecht untereinander und assoziieren Worte zur Wiederholung.

Im Anschluss veranstalten Sie eine Ausstellung der Scrabble-Ergebnisse in der Galerie oder zur Vorstellung im Plenum.

Zum Feedback schreiben Teilnehmer das Wort FEEDBACK senkrecht untereinander und assoziieren Gedanken zum Feedback.

Im Anschluss veranstalten Sie eine Ausstellung der Scrabble in der Galerie oder zur Vorstellung im Plenum.

Unser schöner Freitag

Ziele

Beurteilen

Beteiligte

Prüfen

Kompetenzen

Semesterverlauf

Rahmenbedingun

2.17 Streichholz

Zum Kennenlernen hat jeder die Länge eines Streichholzes für einen Kurzsteckbrief / „elevator pitch".

Alternativ: Zum Kennenlernen haben die Teilnehmer die Länge eines Streichholzes zum Sammeln von Fragen für das Kennenlernen eines anderen Teilnehmers.

Zum Verstehen und Erarbeiten eines Themas hat jeder die Länge eines Streichholzes für Kommentare zum Thema.

Alternativ: Zum Verstehen und Erarbeiten eines Themas hat jeder die Länge eines Streichholzes zum Sammeln von Fragen an Sie als Trainer.

Zur Transfersicherung hat jeder die Länge eines Streichholzes zur Veröffentlichung seines ersten Transferschrittes innerhalb der nächsten 72h.

Alternativ: Zum Feedback geben hat jeder Teilnehmer die Länge eines Streichholzes Zeit für ein kurzes Blitzlicht.

2.18 Strukturlegetechnik

Als Motivation zum Thema kann die Strukturlegetechnik dienen. Hierzu haben Sie viele Fachbegriffe und einige Details des Themas auf Moderationskarten geschrieben.

Die Kleingruppen haben die Aufgabe, diese – aufgrund Ihrer Erfahrungen – zu sortieren und in eine Struktur zu bringen. Diese unterschiedlichen Strukturen werden im Anschluss präsentiert und abgeglichen.

Der Spannungsbogen kann dadurch aufgebaut und in der Abschlussphase zur Auswertung wieder aufgenommen werden.

Als Stoffvermittlung kann die Strukturlegetechnik ebenfalls dienen. Hierzu haben Sie alle Fachbegriffe und Details des Themas auf Moderationskarten geschrieben.

Die Teilnehmer haben in Kleingruppen die Aufgabe, diese – aufgrund des bereitgestellten Materials / Literatur / Links – zu sortieren und in eine Struktur zu bringen. Diese unterschiedlichen Strukturen werden im Anschluss präsentiert und abgeglichen.

Alternativ kann die Struktur auch begleitend zu Vorträgen und Präsentationen gegeben werden.

Der Spannungsbogen kann dadurch aufgebaut und in der Abschlussphase zur Auswertung wieder aufgenommen werden.

Strukturlegetechnik – Fortsetzung

Die Strukturlegetechnik kann auch zur Wiederholung eingesetzt werden. Hierzu haben die Teilnehmer selbst viele Fachbegriffe und einige Details des Themas auf Moderationskarten geschrieben.

Die Karten werden dann mit einer anderen Kleingruppe getauscht. Die Kleingruppen haben nun die Aufgabe, diese als Wiederholung zu sortieren und in eine Struktur zu bringen.

Diese Strukturen werden im Anschluss präsentiert und abgeglichen.

2.19 Vernissage

Statt Vorstellung mit Hilfe von Kennenlern-Plakaten gestalten Sie eine Vernissage.

Statt Vorstellung von Erfahrungs-/ Erwartungsplakaten gestalten Sie eine Vernissage.

Statt Input und Powerpoint-Präsentationen gestalten Sie eine Vernissage mit Lernplakaten.

Entwickeln Sie Leitfragen, mit denen die Teilnehmer durch die Vernissage lernlustwandeln.

Statt anderer Transferübungen lassen Sie Ihre Teilnehmer Lernplakate gestalten. Entwickeln Sie Leitfragen, an denen sich Ihre Teilnehmer zur Reflektion orientieren können.

z.B.

- „Was haben Sie konkret gelernt?"
- „Was wollen Sie in Ihrer Praxis sofort ausprobieren?"
- „Wovon raten Sie anderen ab?"

Umgang mit Störungen

Verhalten

Situation

Strategie

1. Hilfe

U N G

R Ö T

S

Umfeld

2.20 Wachsende Gruppen

Nach dem Gestalten von Kennenlern-Plakaten in Einzelarbeit (z.B. als Collage) bilden Teilnehmer Paare und tauschen sich zu ihren Plakaten aus.

Im Anschluss finden sich jeweils 2 Paare zusammen und lernen sich wiederum kennen. In den 4er Gruppen wird eine Gesamtcollage gestaltet.

Im Anschluss gehen die 4er Gruppen mit ihrem Plakat in die Gesamtgruppe.

Zur Stoffvermittlung durch Textarbeit sind die wachsenden Gruppen besonders geeignet. Teilnehmer lesen zunächst in Einzelarbeit ausgewählte Texte, denn lesen kann man nur allein.

Nach dem Lesen werden Paare gebildet, die sich mit Leitfragen zu ihren wesentlichen Erkenntnissen des Textes austauschen.

Mit diesen Erkenntnissen und ggf. offenen Fragen gehen sie wiederum mit einem anderen Paar zusammen und tauschen sich auf einer „höheren" Ebene zu den nächsten Leitfragen aus. Den Abschluss bildet eine Diskussion in der Gesamtgruppe.

Wachsende Gruppen – Fortsetzung

Zur Transfersicherung machen die Teilnehmer zunächst einen Vertrag mit sich selbst, frei nach dem Motto „Ich verpflichte mich selbst, dieses und jenes umzusetzen bzw. in der Praxis auszuprobieren."

Im Anschluss gehen sie in Paaren zusammen und hinterfragen sich gegenseitig kritisch-zweifelnd, ob und wie der Transfer gelingen kann. Die Teilnehmer suchen in – im Anschluss gebildeten – 4er Gruppen gemeinsam nach Lösungen.

Im Plenum werden abschließend die realistischen Transferschritte präsentiert.

2.22 Zufallsgruppenbildung

Die Teilnehmer werden zum Kennenlernen durch Bonbon-Lose in Gruppen zusammengeführt.

Die Teilnehmer werden zur Erfahrungsabfrage durch Anreisewege/Himmelsrichtung in Gruppen zusammengeführt.

Die Teilnehmer werden zum Stoffverarbeiten durch die Farbe ihrer Oberteile in Gruppen zusammengeführt.

Die Teilnehmer werden zur Transfersicherung durch vorbereitete Lose in Gruppen zusammengeführt und müssen raten, was sie zusammengebracht hat.

Lösung: z.B. ihr Geburtstag oder ein anderes mögliches Kriterium, das Sie vorbereiten können!

2.22 Zurufabfrage/Fragespeicher

Zum Abfragen der Erwartungen Ihrer Teilnehmer sammeln Sie – nach einer kurzen Murmelrunde – auf Zuruf die konkreten Fragen und Wünsche Ihrer Gruppe am Flipchart.

Zum Vereinbaren von Seminarspielregeln sammeln Sie – nach einer kurzen Murmelrunde – die Wünsche und Vorstellungen Ihrer Teilnehmer auf Zuruf konkret am Flipchart.

Zum ersten Stoffverarbeiten nach einem Input sammeln Sie die offenen Fragen Ihrer Teilnehmer – nach einer kurzen Murmelrunde – auf Zuruf am Flipchart.

Zum Reflektieren des Gelernten und der ersten Transferschritte sammeln Sie – nach einer kurzen Murmelrunde – auf Zuruf die konkreten Aspekte Ihrer Gruppe am Flipchart.

„Man kann Dir den
Weg weisen, gehen mußt
Du ihn selbst."

[B. Lee]

3. Dankeschönchen!

Wir sagen Ihnen einen fruchtigen, frischen Dank, merci, thank you, grazie, tack, gracias... für Ihre Aufmerksamkeit!

Wir bedanken uns heiter bei unserem engagiertem splendid Team und unseren motivierten Trainern für das Leben und Arbeiten im Sinne der splendid Vision!

Vor unseren geistigen Müttern und Vätern verneigen wir uns dankend... wir jonglieren mit den gelernten Modellen und Theorien und entwickeln unsere Methoden und Früchten mit großem Vergnügen weiter!

Unseren Teilnehmern, Menschen, die vor Menschen stehen, sagen wir fröhlich danke für gelebte Experimentierfreude und den Mut, Gelerntes in der eigenen Praxis auszuprobieren und splendid zu leben und zu arbeiten...

Menschen, die an uns glauben, die uns fordern und fördern, ihnen allen sagen wir danke!

Zuletzt bedankt, zentral in unseren Herzen: unsere persönlichen Wegbegleiter!

Einfach Danke!

Und ein dickes Dankeschön im Voraus für all diejenigen unter Ihnen, die Anregungen und Ideen zu unseren „22 brillanten Methoden" haben und diese uns mailen oder auf einem anderen Weg zukommen lassen!

„Wir
wollen
wollen
wollen.“

[C. Joko]